ቤት-ትምህርቲ - xue xiao — 2
መገሻ - lü xing — 5
መጓዓዝያ - jiao tong yun shu — 8
ከተማ - cheng shi — 10
ስእሊ, መሬት - di xing — 14
ቤት-መግቢ - can guan — 17
ሱፐርማርከት - chao shi — 20
መስተ - yin liao — 22
መግቢ - shi wu — 23
ቤት ሕርሻ - nong chang — 27
ገዛ - fang zi — 31
ክፍሊ, ምቖማጥ - ke ting — 33
ክሽነ - chu fang — 35
ክፍሊ, ባንዮ - yu shi — 38
ክፍሊ, ቆልዑ - er tong fang — 42
ክዳን - yi fu — 44
ቤት ጽሕፈት - ban gong shi — 49
ቀኑጠባ - jing ji — 51
ሞያታት - zhi ye — 53
ናውቲ - gong ju — 56
መሳርሒ, ሙዚቃ - yue qi — 57
መካነ እንስሳታት - dong wu yuan — 59
ስፖርት - ti yu — 62
ንጥፈታት - huo dong — 63
ስድራቤት - jia — 67
ኣካላት - shen ti — 68
ሆስፒታል - yi yuan — 72
ህጹጽ ኩነት - jin ji qing kuang — 76
ምድሪ - di qiu — 77
ሰዓት - zhong biao — 79
ሰሙን - zhou — 80
ዓመት - nian — 81
ቅርጽታት - xing zhuang — 83
ሕብርታት - yan se — 84
ኣንጻራት - fan yi ci — 85
ቁጽርታት - shu zi — 88
ቋንቋታት - yu yan — 90
መን / እንታይ / ከመይ - shei / shen me / zen yang — 91
ኣበይ - fang wei — 92

Impressum
Verlag: BABADADA GmbH, Nedderfeld 112 , 22529 Hamburg
Geschäftsführer / Verlagsleitung: Harald Hof
Druck: Books on Demand GmbH, In de Tarpen 42, 22848 Norderstedt

Imprint
Publisher: BABADADA GmbH, Nedderfeld 112 , 22529 Hamburg, Germany
Managing Director / Publishing direction: Harald Hof
Print: Books on Demand GmbH, In de Tarpen 42, 22848 Norderstedt, Germany

ቤት-ትምህርቲ

xue xiao

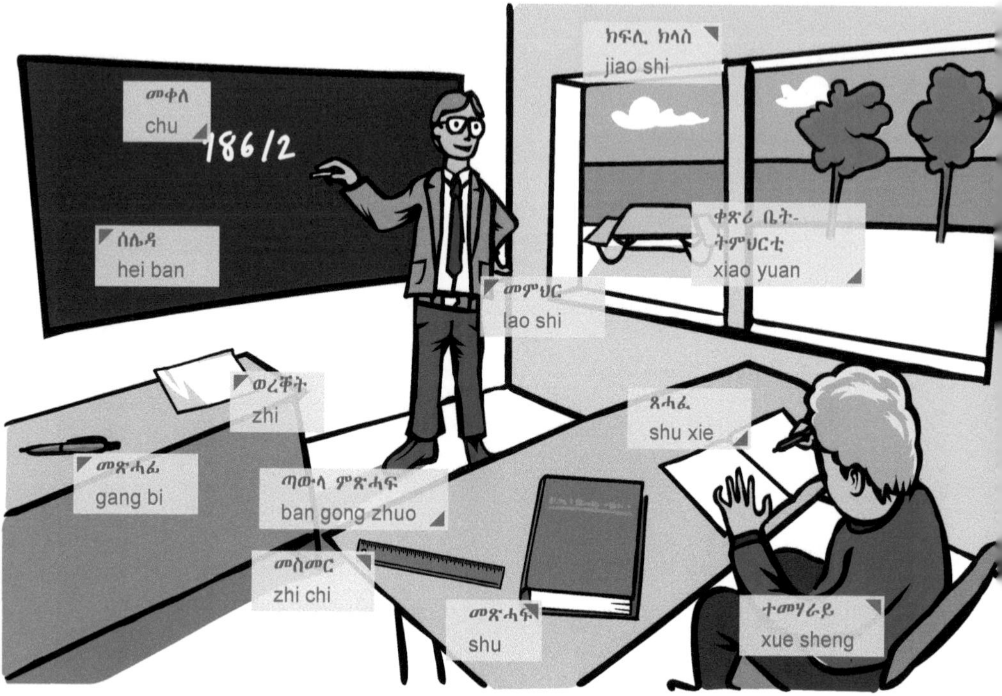
ክፍሊ ክላስ
jiao shi
መቀለ
chu
186/2
ሰሌዳ
hei ban
ቀጽሪ ቤት-ትምህርቲ
xiao yuan
መምህር
lao shi
ወረቐት
zhi
ጸሓፊ
shu xie
መጽሓፊ
gang bi
ጣውላ ምጽሓፍ
ban gong zhuo
መስመር
zhi chi
መጽሓፍ
shu
ተመሃራይ
xue sheng

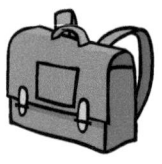

ሳንጣ ትምህርቲ

shu bao

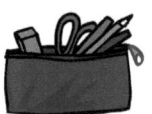

ሰፈር ብርዒ

qian bi he

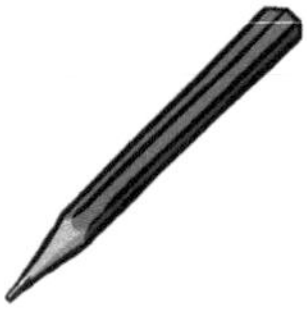

ርሳስ

qian bi

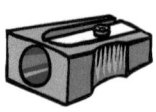

መብልሒ ርሳስ

juan bi dao

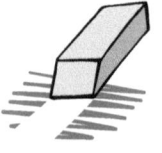

መደምሰሲ

xiang pi ca

ጥራዝ ስእሊ

hua ban

ስእሊ
....
tu hua

ብርዒ ቀለም
....
hua bi

ቦክስ ቀለም
....
yan liao he

መቐስ
....
jian dao

መጣበቒ
....
jiao shui

ጥራዝ መላመዲ
....
lian xi ce

ዕዮ ገዛ
....
jia ting zuo ye

12

ቁጽሪ
....
shu zi

2+2

ወሰኸ
....
jia

5-2

ጎደለ
....
jian

2×2

ረብሓ
....
cheng

ደመረ
....
ji suan

A

ፊደል
....
zi mu

ABCDEFG
HIJKLMN
OPQRSTU
VWXYZ

ስርዓት ፊደላት
....
zi mu biao

hello

ቃል
....
zi

ጽሑፍ

ke wen

አንበበ

du

ኩርሽ

fen bi

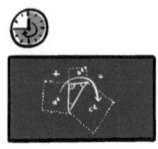

ሰዓት

shang ke

መዝገብ ክላስ

deng ji

መርመራ

kao shi

ሰርቲፊከት

zheng shu

ድቢዛ ቤትትምህርቲ

xiao fu

ትምህርቲ

jiao yu

ለክሲኮን

bai ke quan shu

ዩኒቨርሲቲ

da xue

ሚክሮስኮፕ

xian wei jing

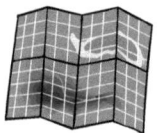

ካርታ

di tu

ጎሓፍ ወረቓት

fei zhi kuang

መገሻ

lü xing

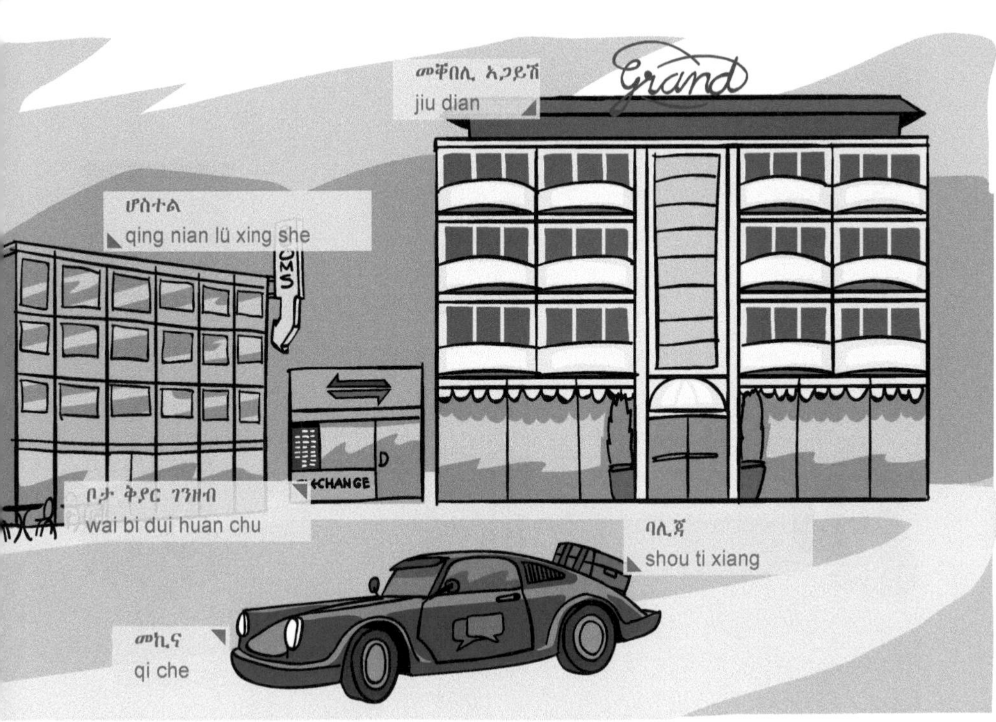

መቐበሊ ኣጋይሽ
jiu dian
Grand
ሆስተል
qing nian lü xing she
ቦታ ቅያር ገንዘብ
wai bi dui huan chu
ባሊጃ
shou ti xiang
መኪና
qi che

ቋንቋ

yu yan

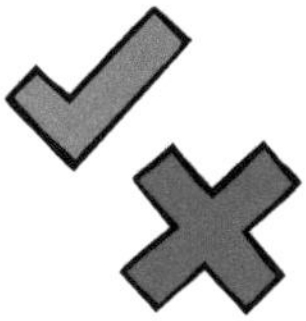

እወ / ኖ

shi/fou

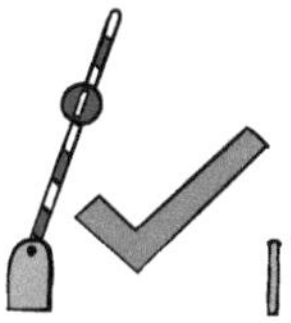

ሕራይ

hao de

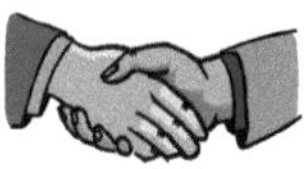

ሰላም

nin hao

ኣስተርጓሚ

fan yi yuan

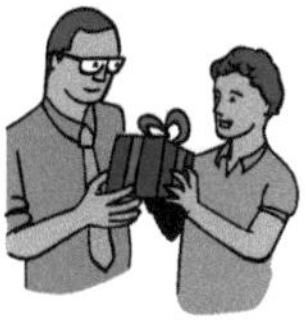

የቐንየለይ

xie xie

. . . ክንደይ ዋግኡ?

......duo shao qian?

አይተረድአኹን

wo bu ming bai

ሽግር

wen ti

ሰላም ምሽት!

wan shang hao!

ከመይ ሓዲርካ

zao shang hao!

ሰላም ለይቲ

wan an!

ደሓን ኩን

zai jian

አንፈት

fang xiang

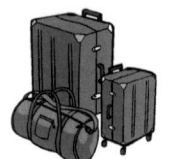

ጉዓዝ

xing li

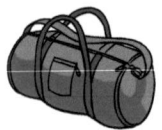

ሳንጣ

bao

ሳንጣ ሕቆ

shuang jian bao

ጋሻ

ke ren

ክፍሊ.

fang jian

ክሻ መደቀሲ.

shui dai

ቴንዳ

zhang peng

መገሻ - lü xing

ሓበሬታ በጻሕቲ ነገር
....
lü you xin xi

ገምገም ባሕሪ
....
hai tan

ክሬዲት ካርድ
....
xin yong ka

ቁርሲ
....
zao can

ምሳሕ
....
wu can

ድራር
....
wan can

ቲከት
....
piao

ሊፍት
....
dian ti

ማሕተም ደብዳበ
....
you piao

ዶብ
....
bian jie

ድንና
....
hai guan

አምበሲ
....
da shi guan

ቪዛ
....
qian zheng

ፓስፖርት
....
hu zhao

መጓዓዝያ

jiao tong yun shu

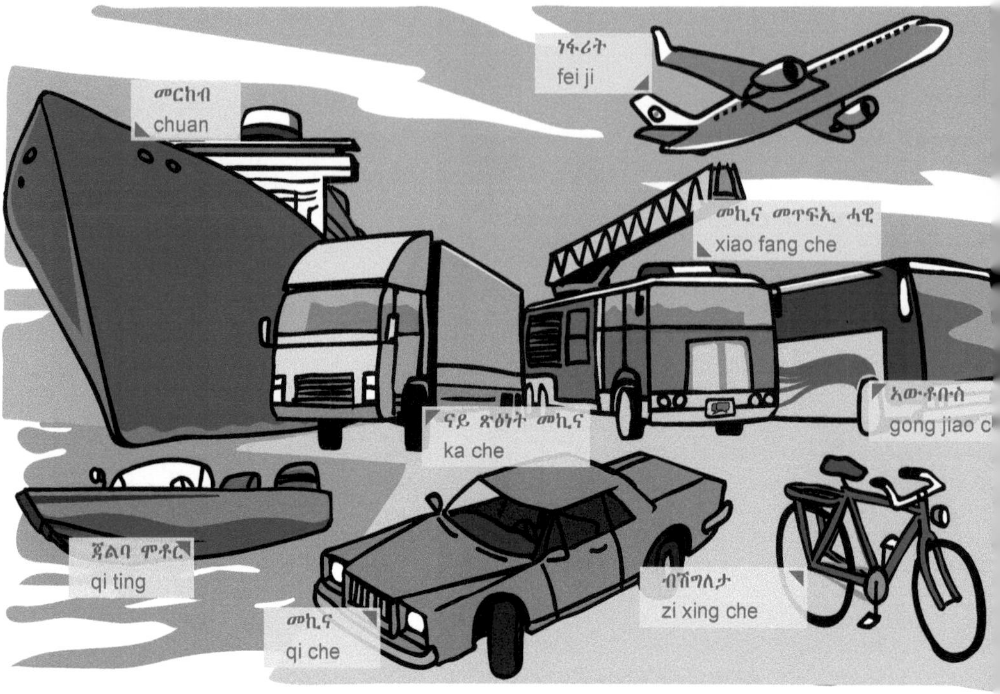

ነፋሪት
fei ji
መርከብ
chuan
መኪና መጥፋኢ ሓዊ
xiao fang che
ኣውቶቡስ
gong jiao c
ናይ ጽዕነት መኪና
ka che
ጃልባ ሞቶር
qi ting
ብሽግለታ
zi xing che
መኪና
qi che

ፌሪ

bai du chuan

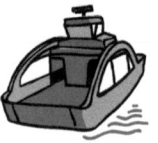

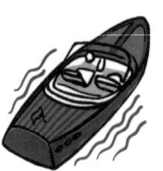

ጃልባ

xiao chuan

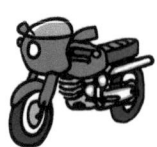

ሞቶ

mo tuo che

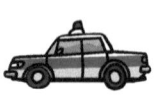

መኪና ፖሊስ

jing che

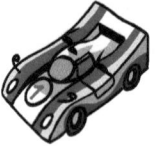

መኪና ቅድድም

sai che

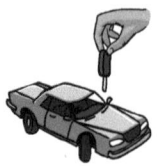

ክራይ መኪና

zu che

ምውፋይ መካይን
....
pin che

መወሰዲ መኪና
....
tuo che

መኪና ጎሓፍ
....
la ji che

ሞቶር
....
fa dong ji

ነዳዲ
....
qi you

እንዳ ነዳዲ
....
jia you zhan

ምልክት ትራፊክ
....
jiao tong biao zhi

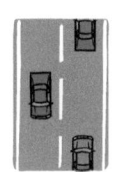

ትራፊክ
....
jiao tong

ምጥቕጭቝ ትራፊክ
....
jiao tong du sai

መዕሸጊ መኪና
....
ting che chang

መዕረፊ ባቡር
....
huo che zhan

ሓዲግ
....
gui dao

ባቡር
....
huo che

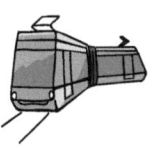

ትረም
....
dian che

ባጎኒ
....
huo che

ሄሊኮፕተር

zhi sheng ji

መዓረፍ ነፈርቲ

ji chang

ታወር

ta

ተጓዓዚ

cheng ke

ኮንተይነር

ji zhuang xiang

ሳንዱቕ ካርቶን

zhi ban xiang

ኮርሳ ጽዕነት

shou tui che

ዘንቢል

lan zi

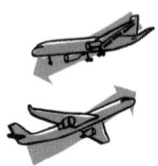

ተበገሰ / ዓለበ

qi fei/jiang luo

ከተማ

cheng shi

ቀኣሸት

cun zhuang

ማእከል ከተማ

shi zhong xin

ገዛ

fang zi

ሲነማ
dian ying yuan

ረክላም
guang gao

መብራህቲ ጎደና
lu deng

ጽርግያ
jie dao

ታክሲ
chu zu che

CINEMA

ባንኮ
xiao chi dian

እግረኛ
xing ren

መንገዲ እጋር
ren xing dao

መራኸቢ
shi zi lu kou

ምልክት ዘብራ
ban ma xian

ሰፈር ጎሓፍ
la ji xiang

ሴማፎሮ
hong lü deng

አጎዶ
....
xiao wu

አፓርትመንት
....
gong yu

መዕረፊ ባቡር
....
huo che zhan

ቤት ምምሕዳር
....
shi zheng ting

ቤተ መዘክር
....
bo wu guan

ቤት-ትምህርቲ
....
xue xiao

ዩኒቨርሲቲ

da xue

ባንክ

yin hang

ሆስፒታል

yi yuan

መቐበሊ አጋይሽ

jiu dian

ቤት መድሃኒት

yao fang

ቤት ጽሕፈት

ban gong shi

ዱኳን መጽሓፍቲ

shu dian

ዱኳን

shang dian

ዱኳን ዕንባባ

hua dian

ሱፐርማርከት

chao shi

ዕዳጋ

shi chang

ሹቕ

bai huo shang dian

ነጋዳይ ዓሳ

yu dian

ሹቕ

gou wu zhong xin

መርሳ

hai gang

መዝናግሲ
gong yuan

ባንኪ
chang deng

ድልድል
qiao

መደያይቦ
lou ti

ባቡር ትሕቲ ምድሪ
di tie

ቢንቶ
sui dao

መዕረፊ አውቶቡስ
gong jiao che zhan

ቤት መስተ
jiu ba

ቤት-መግቢ
can guan

ስታሪት
you tong

ታቤላ
lu biao

ሰዓት ፓርኪንግ
ting che ji shi qi

መካነ እንስሳታት
dong wu yuan

መሓምበሲ
you yong guan

መስጊድ
qing zhen si

ቤት ሕርሻ
....
nong chang

ብከላ
....
wu ran

መቓብር
....
mu di

ቤተክርስትያን
....
jiao tang

ቦታ ምጽዋት
....
cao chang

ቤት መቕደስ
....
si miao

ስእሊ መሬት

di xing

አቝጽልቲ
shu ye

መሕበሪ መገዲ
zhi shi pai

መገዲ
lu

ሻኻ
cao di

እምኒ
shi tou

ኮብላሊ
tu bu lü xing zhe

ኣግራብ
shu

ፈለግ
he

ሰዓራ
cao

ዕንባባ
hua

ስንጥሮ
....
xia gu

ጎቦ
....
shan

ቀላይ
....
hu

ዱር
....
sen lin

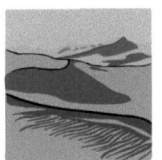

ምድረ በዳ
....
sha mo

እሳተ-ጎመራ
....
huo shan

ግምቢ
....
cheng bao

ቀስተ-ደመና
....
cai hong

ቃንጥሻ
....
mo gu

ዓርኮብኮባይ
....
zong lü shu

ጣንጡ
....
wen zi

ሃመማ
....
cang ying

ጻጸ
....
ma yi

ንህቢ
....
mi feng

ሳሬት
....
zhi zhu

ሕንዚዝ

jia chong

ዕንቅርያብ

qing wa

ምጽጹላይ

song shu

ቅንፍዝ

ci wei

ማንቲለ

ye tu

ጉንጓ

mao tou ying

ጭሩ

niao

ስዋን

tian e

መፍለስ

ye zhu

ዓጋዘን

lu

ሙስ

mi lu

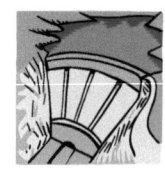

ግድብ

shui ba

ተርባይን ንፋስ

feng li fa dian ji

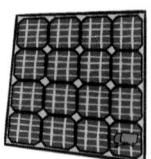

ሶላር ስርሓት

tai yang neng dian chi ban

ኩነታት ኣየር

qi hou

ቤት-መግቢ

can guan

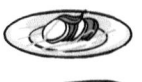

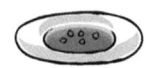

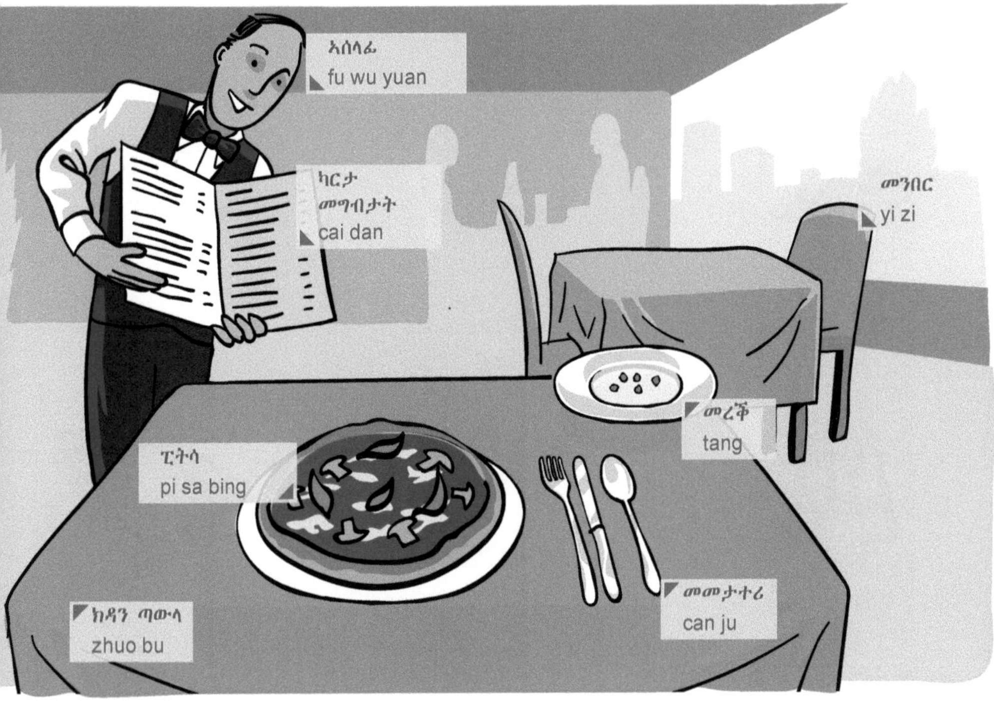
ኣሰላፊ
fu wu yuan
ካርታ
መግብታት
cai dan
መንበር
yi zi
መረቕ
tang
ፒትሳ
pi sa bing
መመታተሪ
can ju
ክዳን ጣውላ
zhuo bu

ቅድመ ቀንዲ መግቢ

qian cai

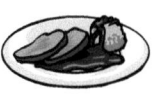

ቀንዲ መኣዲ

zhu cai

ድሕረ መግቢ

tian dian

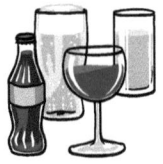

መስተ

yin liao

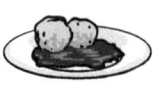

መግቢ

shi wu

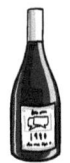

ጥርሙዝ

ping zi

ስሉጥ መግቢ.

kuai can

መግቢ ጽርግያ

jie bian xiao chi

ብርጭቆ ሻሂ

cha hu

ታኒካ ሽኮር

tang he

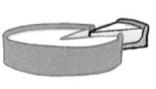

ክፋል

yi fen fan cai

ማሺን ኤስፕረሶ

yi shi ka fei ji

ነዊሕ መንበር

gao jiao yi

ጻብጻብ

zhang dan

ታብለት

tuo pan

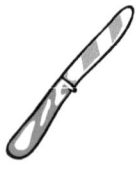

ካራ

dao

ፋርከታ

can cha

ማንካ

shao zi

ማንካ ሻሂ

cha chi

ሰርቪየተ

can jin

ብኬሪ

bo li bei

ሽሓኒ

die zi

ሽሓኒ መረቕ

tang pan

ትሕቲ ኩባያ

die zi

ጸብሒ

jiang

ወሃቢ ጨው

yan ping

መጥሓን በርበረ

hu jiao mo

ኣቾቶ

cu

ዘይቲ

shi yong you

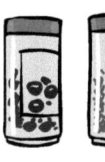

ቀመም

tiao wei liao

ከቻፕ

fan qie jiang

ኣድሪ

jie mo

ማዮኒዝ

dan huang jiang

ሱፐርማርክት

chao shi

ወፈያ
te jia
ዓሚል
gu ke
FOR
ፍርያታት ጸባ
ru zhi pin
ፍረታት
shui guo
ሰረገላ ዱኳን
gou wu che

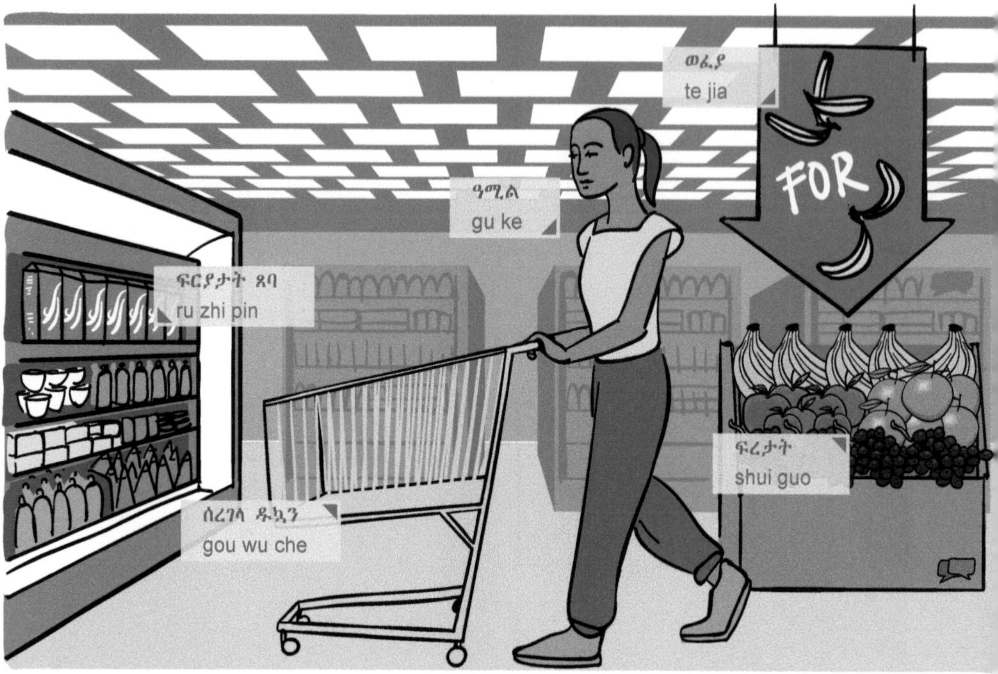

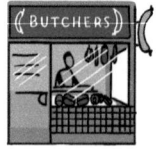

BUTCHERS

እንዳ ስጋ

rou pu

BAKERY

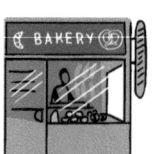

እንዳ ባኒ

mian bao fang

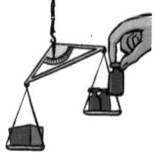

ክብደት

cheng zhong

ኣሕምልቲ

shu cai

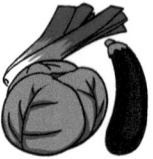

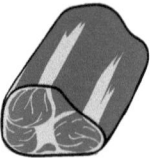

ስጋ

rou

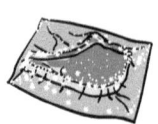

መግቢ ፍሪጅ በረድ

leng dong shi pin

ዝሑል ቅሩብ መግቢ

leng pan

እስቃጥላ

guan tou shi pin

አሞ

xi yi fen

ም቞ር መግቢ.

tian shi

ዘቤታውያን አቕሑ

ri yong pin

ናውቲ መጸረዪ.

qing jie yong pin

ሸቃጣይ

xiao shou yuan

ካሳ

shou yin ji

ተሓዝ ገንዘብ

shou yin yuan

ዝርዝር ምግዛእ

gou wu qing dan

ክፉት ሰዓታት

kai fang shi jian

ማሕፉዳ

qian bao

ክሬዲት ካርድ

xin yong ka

ሳንጣ

dai zi

ፌስታል

su liao dai

ማይ

shui

ጭማቆሊ

guo zhi

ጸባ

niu nai

ኮላ

ke le

ነቢት

hong jiu

ቢራ

pi jiu

ኣልኮል

jiu

ካካው

ke ke

ሻሂ

cha

ቡን

ka fei

ኤስፕረሶ

yi shi nong suo ka fei

ካፑቺኖ

ka bu qi nuo

ባናና
....
xiang jiao

ቱፋሕ
....
ping guo

አራንሺ
....
cheng zi

ብርጭቆ
....
xi gua

ለሚን
....
ning meng

ካሮት
....
hu luo bo

ጸዕዳ ሽጉርቲ
....
da suan

ባምቡስ
....
zhu zi

ሽጉርቲ
....
yang cong

ቅንጥሻ
....
mo gu

ፉል
....
jian guo

ፓስታ
....
mian tiao

ስፓገቲ

yi da li mian tiao

ሩዝ

mi fan

ሰላጣ

sha la

ቅልዋ ድንሽ

shu tiao

ቅሉው ድንሽ

zha tu dou

ፒትሳ

pi sa bing

ሃምቡርገር

han bao bao

ፓኒኖ

san ming zhi

ቢስተካ

zha zhu pai

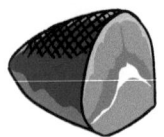

ሰለፍ ሓሰማ

huo tui

ሳላሚ

sa la mi

ግዕዝም

xiang chang

ደርሆ

ji rou

ቀለወ

kao rou

ዓሳ

yu

ገዓት

yan mai pian

ሙስሊ

mu zi li

ኮርንፍለይክስ

yu mi pian

ሓርጭ

mian fen

ክሮሶን

yang jiao mian bao

ባኒ

mian bao juan

ባኒ

mian bao

ቶስት

kao mian bao

ብሽኮቲ

bing gan

ጠስሚ

huang you

ርጎኦ

ning ru

ፓስተ

dan gao

እንቋቖሓ

dan

ቅሉው እንቋቖሓ

jian dan

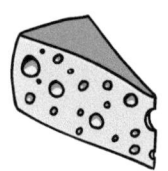

ፋርማጆ

nai lao

አይስ ክሬም

bing ji lin

ሽኮር

tang

መዓር

feng mi

ጄም

guo jiang

ኑጋት-ክሬም

qiao ke li jiang

ኩሪ

ga li fan

ቤት ሕርሻ

nong chang

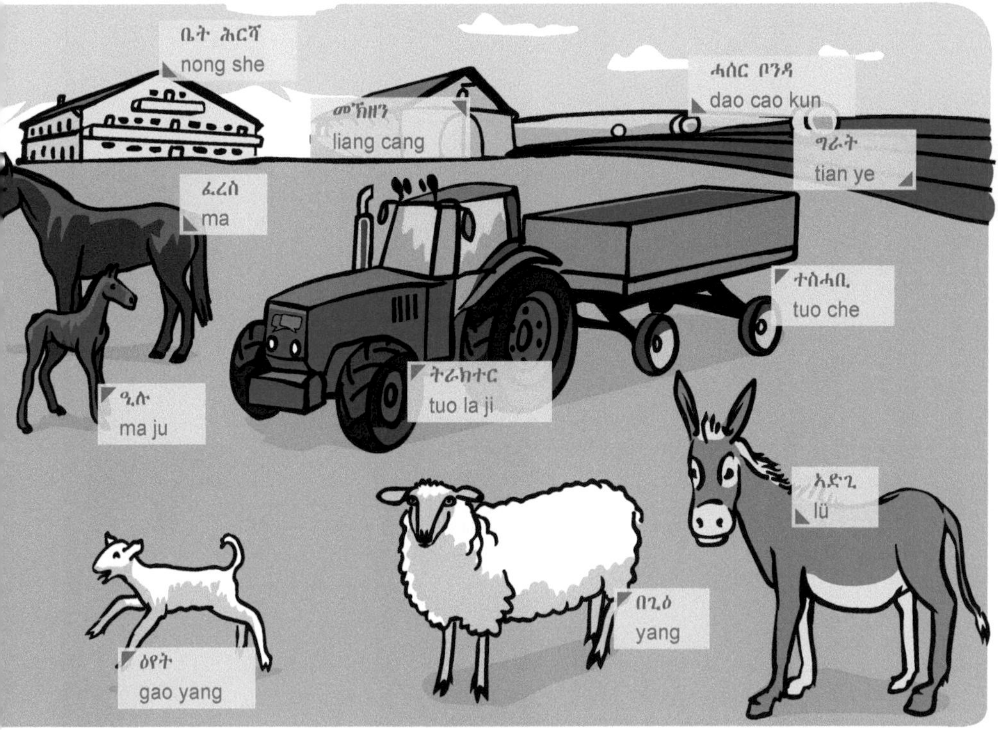
ቤት ሕርሻ
nong she
መኽዘን
liang cang
ሓሰር ቦንዳ
dao cao kun
ግራት
tian ye
ፈረስ
ma
ተስሓቢ
tuo che
ትራክተር
tuo la ji
ዒሉ
ma ju
ኣድጊ
lü
በጊዕ
yang
ዕየት
gao yang

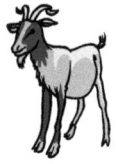

ጤል

shan yang

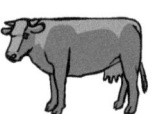

ብዕራይ

nai niu

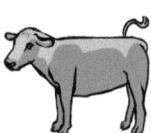

ምራኽ

niu du

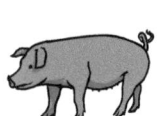

ሓሰማ

zhu

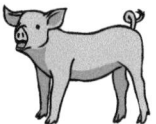

ውላድ ሓሰማ

xiao zhu

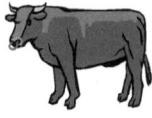

ኣርሓ

gong niu

ዓሳ

e

ማይ ደርሆ

ya

ጫቑት

xiao ji

ደርሆ

mu ji

እርሓ ደርሆ

gong ji

እንጨዋ ዓባይ

shu

ድሙ

mao

እንጭዋ

lao shu

ብዕራይ

niu

ከልቢ

gou

እጉዶ ከልቢ

gou wu

ቱባ ጀርዲን

hua yuan jiao shui ruan guan

መዝፈፈ ማይ

sa shui hu

ዓቢ ማዕጺድ

chang bing da lian dao

ማሕረሻ

li

ማዕጺድ

lian dao

ጭኳሮ

chu tou

መስአ

chang bing cao pa

ፋስ

fu tou

ዓረብያ ኢድ

du lun shou tui che

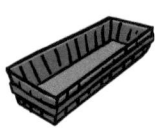

ጋብላ

si liao cao

ብርጭቆ ጸባ

niu nai guan

ክሻ

ma bu dai

ሓጹር

zha lan

መንሰስ

ma jiu

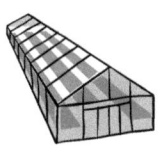

ቶ'ጠልያ ገዛ

wen shi

ባይታ

tu rang

ዘርኢ

zhong zi

ድኹዒ

fei liao

ዘጣምር ቀውዓይ

lian he shou ge ji

ቤት ሕርሻ - nong chang

ቀውዕ

shou ge

ጻጣ

shou ge

ድንሽ ያም

shan yao

ስርናይ

xiao mai

ሶያ

da dou

ድንሽ

tu dou

ዕፉን

yu mi

ራፕስ

you cai zi

ገረብ ፍረታት

guo shu

ማኒኦክ

shu shu

ኣእኻል

gu wu

fang zi

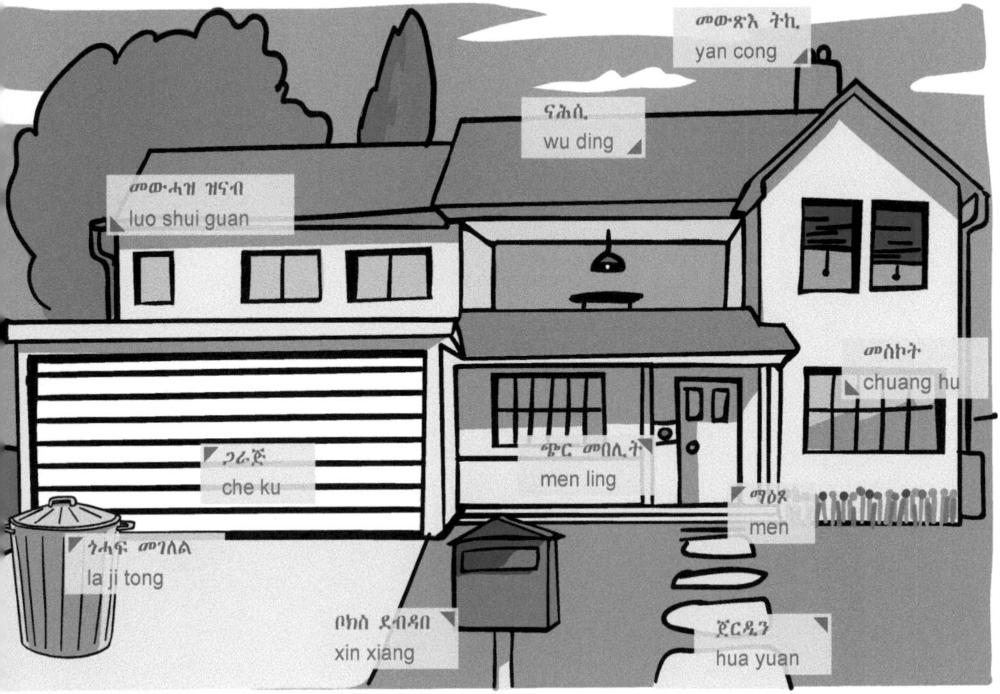
መውጽእ ትኪ
yan cong
ናሕሲ
wu ding
መውሓዝ ዝናብ
luo shui guan
መስኮት
chuang hu
ጋራጅ
che ku
ጭርር መበሊት
men ling
ማዕጾ
men
ጎሓፍ መገለል
la ji tong
ቦክስ ደብዳበ
xin xiang
ጀርዲን
hua yuan

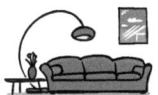

ክፍሊ ምቕማጥ
ke ting

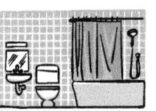

ክፍሊ ባንዮ
yu shi

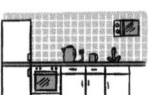

ክሽነ
chu fang

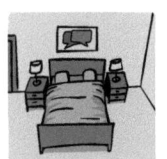

ክፍሊ መደቀሲ
wo shi

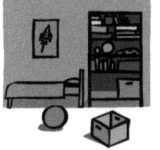

ክፍሊ ቆልዑ
er tong fang

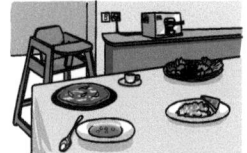

መመገቢ ክፍሊ
can ting

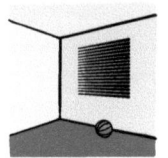

ባይታ
di ban

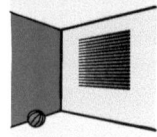

መንደቅ
qiang bi

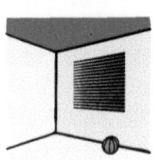

ከቦርታ
diao ding

ካንቲና
di jiao

ሳውና
sang na

ባልኮን
yang tai

ዛላ
lu tai

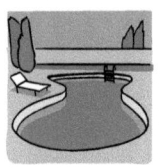

መሕምበሲ
you yong chi

መቑረጺ ሳዕሪ
ge cao ji

አንሶላ ዓራት
bei dan

ከቦርታ ዓራት
chuang zhao

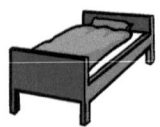

ዓራት
chuang

መኮስተር
sao zhou

መገለል
shui tong

መወልጊት
kai guan

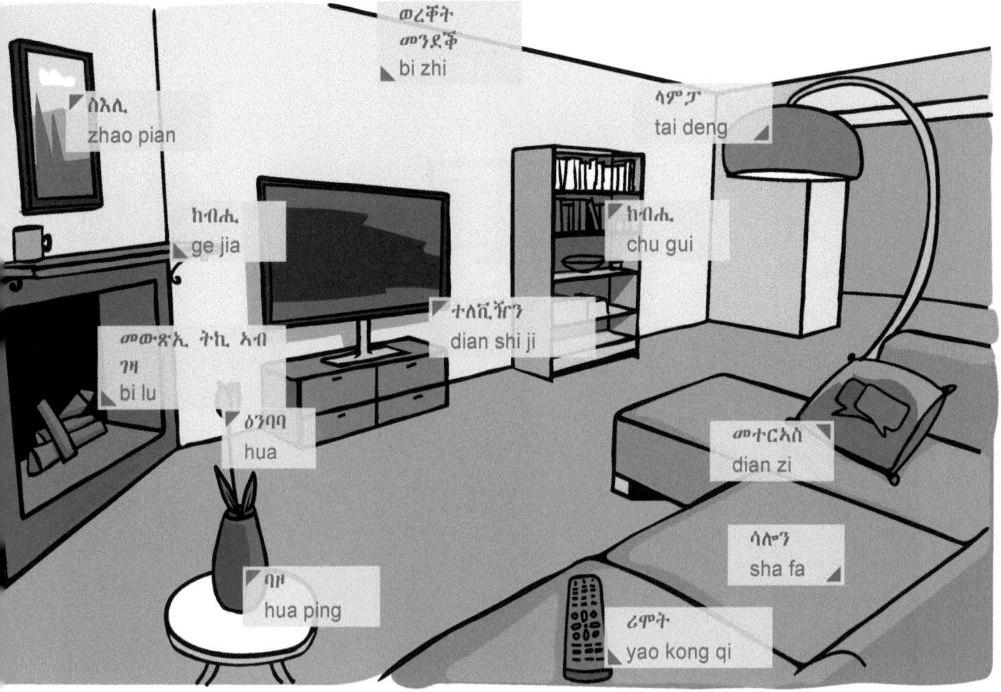

ወረቐት መንደቅ
bi zhi

ስእሊ
zhao pian

ላምፓ
tai deng

ከብሒ
ge jia

ከብሒ
chu gui

መውጽኢ ትኪ አብ ገዛ
bi lu

ተለቪዥን
dian shi ji

ዕንባባ
hua

መተርአስ
dian zi

ሳሎን
sha fa

ባዕ
hua ping

ሪሞት
yao kong qi

መንጸፍ

di tan

መጋረጃ

chuang lian

ጣውላ

can zhuo

መንበር

yi zi

ሰለል ዝብል መንበር

yao yi

መንበር ምቹእ

fu shou yi

መጽሓፍ
....
shu

ከበርታ
....
tan zi

ስልማት
....
zhuang shi pin

እንጨይቲ ሓዊ
....
mu chai

ፊልም
....
dian ying

ስተረዮ
....
gao bao zhen yin xiang

መፍትሕ
....
yao shi

ጋዜጣ
....
bao zhi

ቅብኣ
....
you hua

ፖስተር
....
hai bao

ረድዮ
....
shou yin ji

ጥራዝ
....
bi ji ben

መልገሲ ደሮና
....
xi chen qi

በለስ
....
xian ren zhang

ሽምዓ
....
la zhu

ክሽነ

chu fang

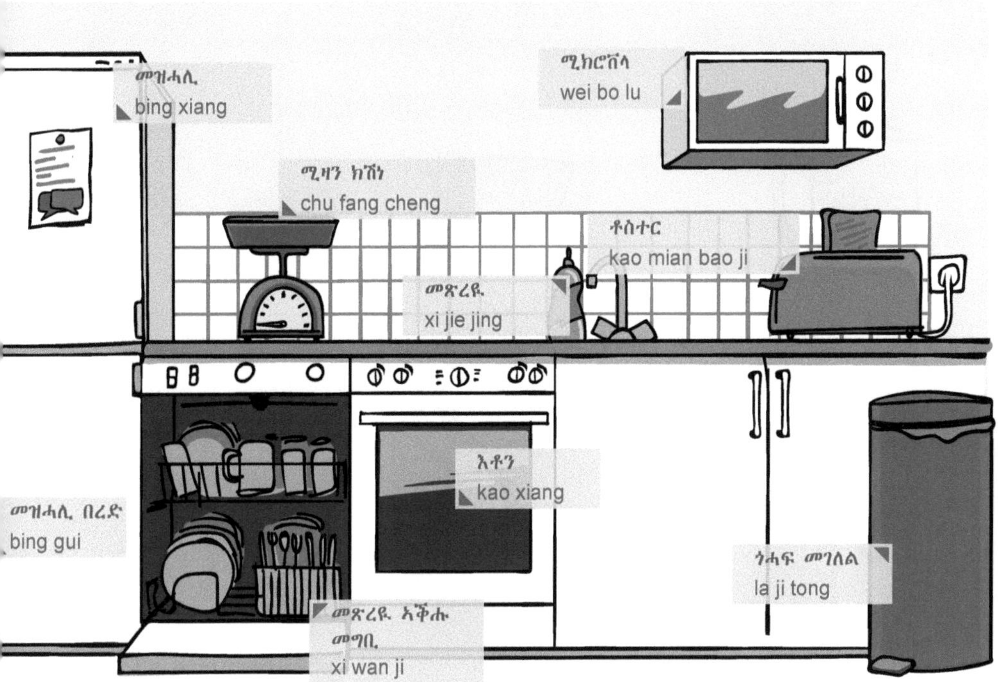
መዝሓሊ
bing xiang
ሚክሮቨላ
wei bo lu
ሚዛን ክሽነ
chu fang cheng
ቶስተር
kao mian bao ji
መጽረዪ
xi jie jing
እቶን
kao xiang
መዝሓሊ በረድ
bing gui
ጎሓፍ መገለል
la ji tong
መጽረዪ ኣቕሑ መግቢ
xi wan ji

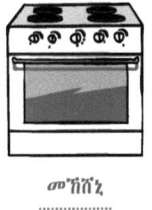

መኽሸኒ

chui ju

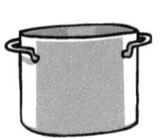

ድስቲ

guo

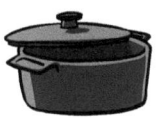

ድስቲ ሓጺን

zhu tie guo

ቮክ/ካዳይ

sha guo

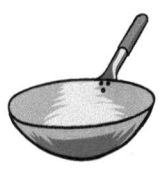

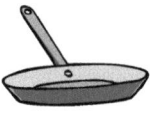

ባደላ

ping di guo

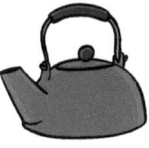

መውዓዪ ማይ

shui hu

መፍልሒ

zheng guo

ጓንቴራ ምስንካት

kao pan

ኣቕሑ መግቢ

tao ci guo

ብርጭቆ

ma ke bei

ጭሓሎ

wan

ማንካቺና

kuai zi

ማንካ መረቕ

chang bing shao

መገልበጢ ባደላ

chan zi

መኹስተር ውርጪ

jiao ban qi

መንፊት መግቢ

lü wang

መንፊት

shai zi

መፋሕፍሒ

mo sui ji

ሞርታር

yan bo

ባርቢክዩ

shao kao

ስፍራ ሓዊ

ming huo

እንጨይቲ ምምታር

cai ban

እንጨይቲ ኩረር

gan mian zhang

መኽፈት ቡሽ

kai ping qi

ታኒካ

guan zi

መኽፈቲ ታኒካ

kai ping qi

ጨርቂ ድስቲ

ge re shou tao

ቡምባ

shui cao

አስባስላ

shua zi

ሰፍነግ

hai mian

ሓዋሲ አደባላቒ

jiao ban ji

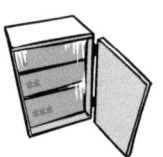

መዝሓሊ በረድ

leng cang xiang

ጥርሙዝ ማማይ

nai ping

ቡምባ ማይ

shui long tou

ክፍሊ ባንዮ

yu shi

መውዓዪ
gong nuan she bei
መሕጸቢ ሻወር
lin yu
ሽጎማኖ
mao jin
ሻወር መጋረጃ
yu lian
መሕጸቢ ዓፍራ
pao mo yu
ባንዮ መሕጸቢ
yu gang
ብኬሪ
bo li bei
ሓጻቢት
xi yi ji
ቡምባ ማይ
shui long tou
ማቶኔላ
ci zhuan
ድስቲ
bian hu
ቡምባ
shui cao

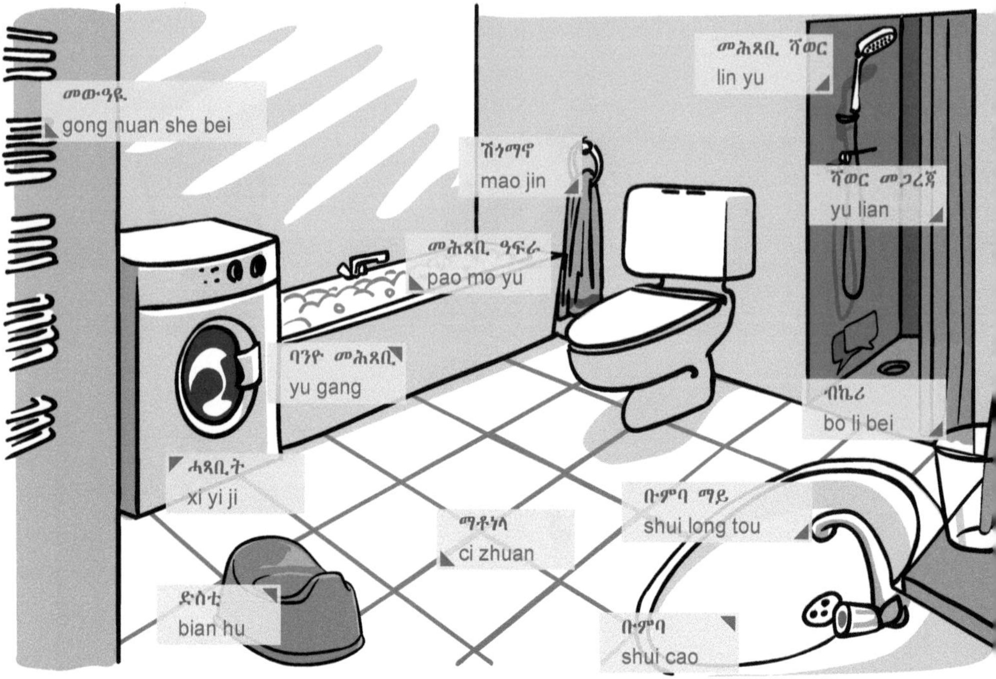

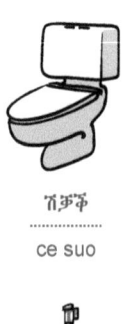

ሽቓቕ

ce suo

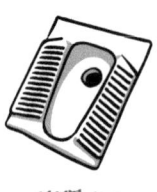

ሽቓቕ ኮፍ

dun bian qi

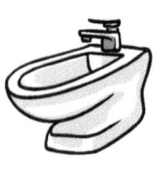

በዴ

zuo yu qi

ሽቃቕ ተባዕታይ

xiao bian chi

ወረቐት ሽቓቕ

ce zhi

ኣስባስላ ሽቓቕ

ma tong shua

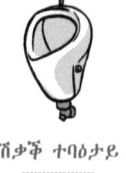

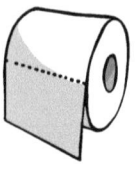

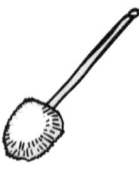

አስባስላ ስኒ
ya shua

ክረማ ስኒ
ya gao

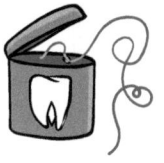

ሃሪ ስኒ
ya xian

ሐጸብ
xi

ዱሽ ኢድ
shou chi shi pen lin tou

ዱሽ
chong xi qi

ብርዒዮቆ ምሕጸብ
xi lian pen

አስባስላ ሕጮ
ca bei shua

ሳምና
fei zao

ሻወር ጀል
mu yu lu

ሻምፑ
xi fa shui

ጨርቂ መሕጸቢ
fa lan rong

መውሓዚ
pai shui

ክረማ
ru shuang

ደዮ ጨና
chu chou ji

መስትያት

jing zi

ናይ ኢድ መስትያት

shou jing

መላጸ

ti xu dao

ዓፍራ ምልጻይ

ti xu pao mo

ጨና ድሕሪ ምልጻይ

xu hou shui

መመሸጥ

shu zi

አስባስላ

shua zi

መንቆጺ ጸግሪ

chui feng ji

ስፕረይ ጸግሪ

pen fa ding xing ji

መመላኽዒ

hua zhuang pin

ብርዒ ቀለም ከንፈር

chun gao

አዝማልቶ

zhi jia you

ጸምሪ ጡጥ

hua zhuang mian

መስደዲ ጽፍሪ

zhi jia jian

ጨና

xiang shui

ሳንጣ መሕጸቢ
xi shu bao

ድኳ
deng zi

ሚዛን
ji zhong cheng

ክዳን መሕጸቢ
yu pao

ጎንቲ መጸረዪ
xiang jiao shou tao

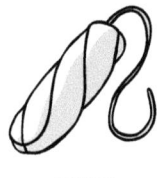

ታምፖን
wei sheng mian tiao

ጨርቂ ሰበይቲ
wei sheng jin

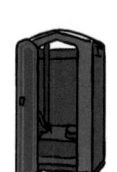

ሽቓቅ ከሚስትሪ
hua xue ce suo

ክፍሊ ቆልዑ

er tong fang

ኣላርም
መተስኢ
nao zhong
መጻወቲ እንስሳ
mao rong wan ju
መጻወቲ መኪና
wan ju che
ኳሕኳሕ መበሊ
bo lang gu
ቤት ባምቡላ
wan ju wu
ህያብ
li wu

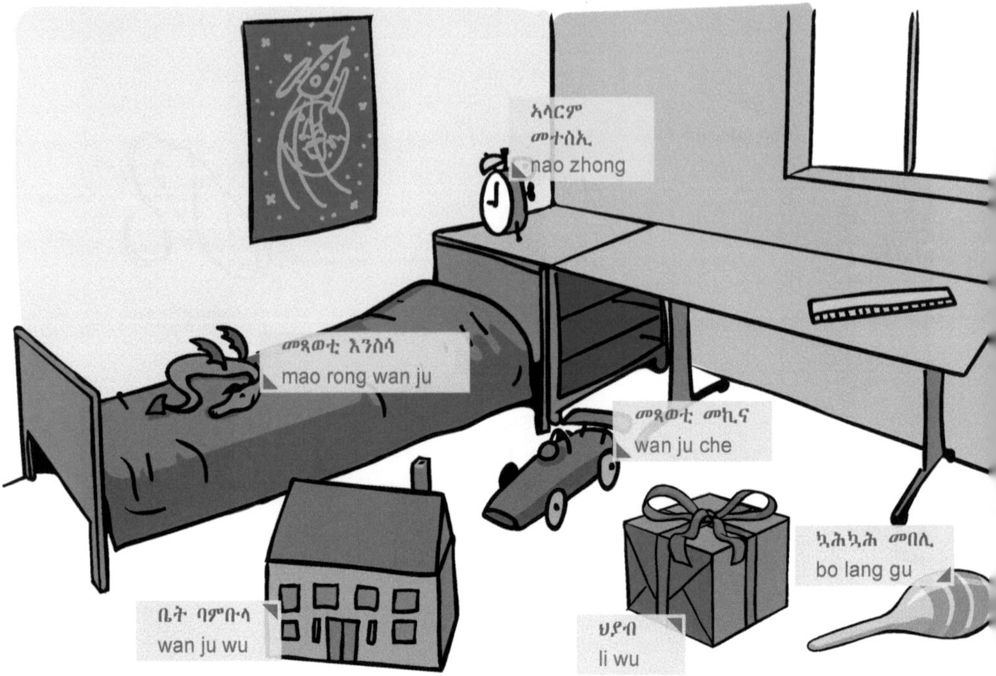

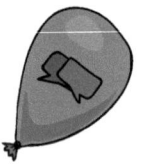

ባላንችና

qi qiu

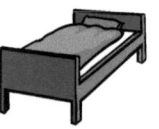

ዓራት

chuang

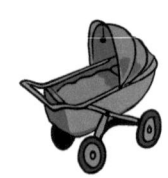

ሰረገላ ህጻን

(yang wa wa yong)ying er che

ጸወታ ካርታ

pu ke pai

ሕንቅሊተይ

pin tu

SUPER
MEGA

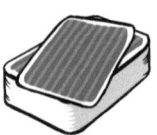

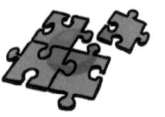

ኮሜዲ

man hua

እምንታት መጻወቲ ለጎ
le gao ji mu

መጻወቲ እምንታት
ji mu wan ju

በዓል አክቸን
wan ju ren

ክዳን ማማይ
ying er fu

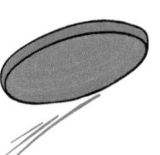

ፍሪስቢ
fei pan

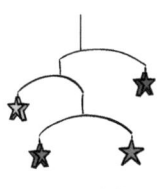

ሞባይል ማማይ
chuang ling wan ju

ጸወታ ሰሌዳ
qi pan you xi

ኩቦ
shai zi

ሞደል ባቡር ምድሪ
huo che mo xing

ዓባስ
an fu nai zui

ፓርቲ
ju hui

መጽሓፍ ስእሊ
hui ben

ኩዕሶ
qiu

ባምቡላ
yang wa wa

ተጻወተ
wan

መጻወቲ ሑጻ

sha keng

ሰላል

qiu qian

መጻወቲታት

wan ju

ኮንሶል ቪድዮ

you xi ji

መጻወቲ ሰለስተ መንኮርኮር

san lun che

ተዲ

tai di xiong

ከብሒ ክዳን

yi chu

ክዳን

yi fu

ካልስታት

wa zi

ነዊሕ ካልስታት

chang wa

ስረ ካልሲ

jin shen ku

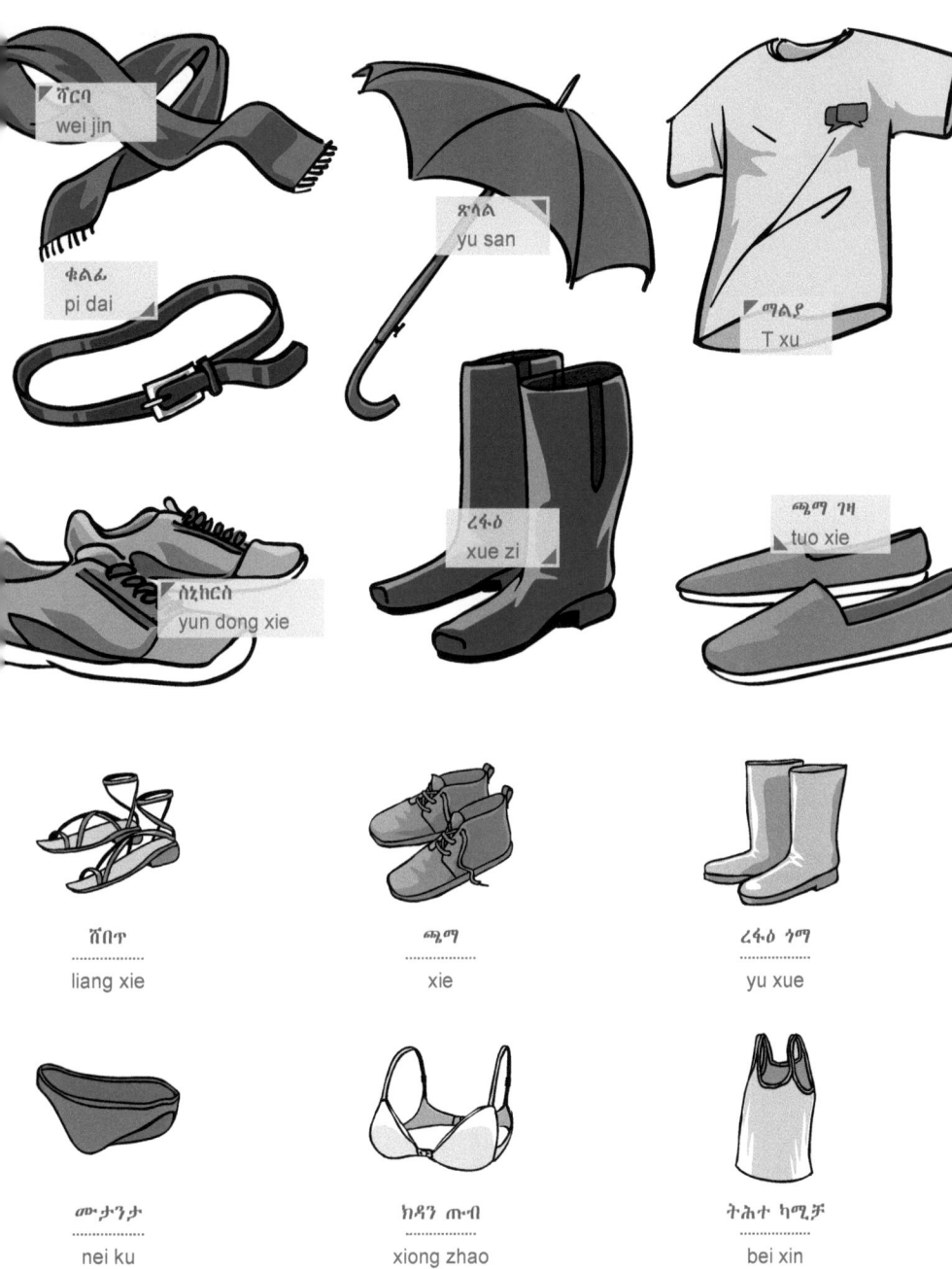

ሻርባ
wei jin

ጃላ
yu san

ማልያ
T xu

ቀልፊ
pi dai

ሰኒከርስ
yun dong xie

ረፋዕ
xue zi

ጫማ ገዛ
tuo xie

ሸበጥ
....
liang xie

ጫማ
....
xie

ረፋዕ ጎማ
....
yu xue

ሙታንታ
....
nei ku

ክዳን ጡብ
....
xiong zhao

ትሕተ ካሚቻ
....
bei xin

ቦዲ

shen ti

ስረ

ku zi

ጂንስ

niu zai ku

ቀምሽ

duan qun

ካምቻ

nü shi chen shan

ካሚቻ

chen shan

ጉልፎ

tao tou shan

ጎልፎ

wei yi

ጃኬት

xi zhuang jia ke

ጃከት

jia ke

ጁባ

wai tao

ክዳን ዝናብ

yu yi

ኮስቱም

tao zhuang

ቀምሽ

lian yi qun

ቀምሽ መርዓ

hun sha

ልብሲ
xi zhuang

ካሚቻ ለይቲ
shui pao

ክዳን ለይቲ
shui yi

ሳሪ
sha li

መሃረብ ርእሲ
tou jin

ቴርባን
bao tou jin

ቡርካ
bo ka

ካፍታን
ka fu tan

ኣባያ
(a la bo shi)chang pao

ክዳን መሕምበሲ
yong yi

ስረ መሕምበሲ
nan shi yong ku

ሓጺር ስረ
duan ku

ክዳን ታዕሊም
yun dong fu

በጃ ክዳን
wei qun

ጓንቲ
shou tao

መልጎም

niu kou

መነጽር

yan jing

በንናጅር

shou lian

ማዕተብ

xiang lian

ቀለበት

jie zhi

ኩትሻ

er huan

ቆብዕ

bian mao

መንበሪ ጁባ

yi jia

ባርኔጣ

mao zi

ካርራሻት

ling dai

ሻርኔጣ

la lian

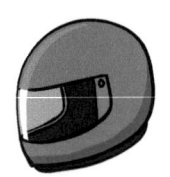

ሄልመት

tou kui

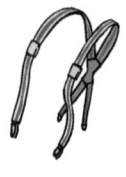

መድልደል ስረ

bei dai

ድቢዛ ቤትትምህርቲ

xiao fu

ድቢዛ

zhi fu

ሰደርያ ቆልዓ

wei dou

ዓባስ

an fu nai zui

ጨርቁ ማማይ

niao bu shi

ቤት ጽሕፈት
ban gong shi

ሰርቨር
fu wu qi

ከብሒ ሰነድ
wen jian gui

ፕሪንተር
da yin ji

ሞኒቶር
xian shi ping

ወረቐት
zhi

ጣውላ ምጽሓፍ
ban gong zhuo

አንጭዋ
shu biao

ሓጀሬ
wen jian jia

ኪቦርድ
jian pan

ጎሓፍ ወረቐት
fei zhi kuang

ኮምፒተር
dian nao

መንበር
yi zi

ብርጭቆ ቡን

ka fei bei

ካልኩለተር

ji suan qi

ኢንተርነት

yin te wang

ለፕቶፕ

bi ji ben dian nao

ደብዳበ

xin jian

መልእኽቲ

xiao xi

ሞባይል

shou ji

ነትወርክ/መርበብ

wang luo

መቅድሒ ፎቶኮፒ

fu yin ji

ሶፍትዌር

ruan jian

ተለፎን

dian hua

ሶከት ኣረንቲ

cha zuo

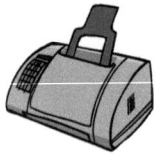

ፋክስ

chuan zhen ji

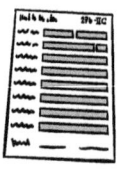

ፎርም

biao ge

ሰነድ

wen jian

ገዝአ

mai

ከፈለ

fu qian

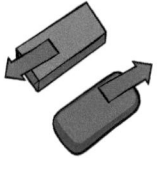

ንግዲ

jiao yi

ገንዘብ

xian jin

 USD

ዶላር

mei yuan

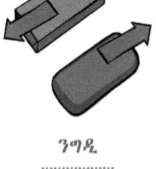 EUR

አዩሮ

ou yuan

 JPY

የን

ri yuan

 RUB

ሩብል

lu bu

 CHF

ስዊዝ ፍራንክን

rui shi fa lang

 CNY

ረንሚንቢ የዋን

ren min bi

INR

ሩፓየ

lu bi

መውጽኢ ማሽን ገንዘብ

ti kuan chu

በታ ቅያር ገንዘብ

wai bi dui huan chu

ወርቂ

jin

ብሩር

yin

ዘይቲ

shi you

ሓይሊ

neng yuan

ዋጋ

jia ge

ውዕል

he tong

ቀረጽ

shui jin

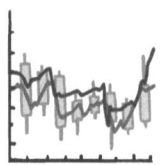

እኩብ ጥረ-ነገራት

gu piao

ሰርሒ

gong zuo

ሰራሕተኛ

zhi yuan

ኣስራሒ

lao ban

ትካል

gong chang

ዱኳን

shang dian

ሞያታት

zhi ye

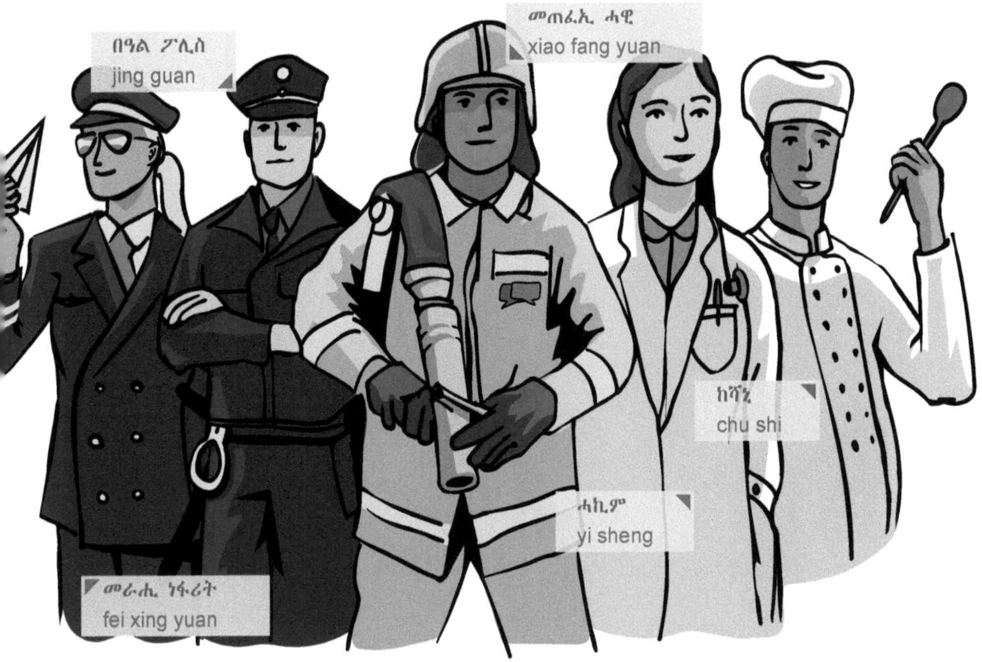
በዓል ፖሊስ
jing guan
መጠፊኢ ሓዊ
xiao fang yuan
ከሻኒ
chu shi
ሓኪም
yi sheng
መራሒ ነፋሪት
fei xing yuan

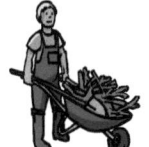

ሰራሕተኛ ጀርዲን

yuan ding

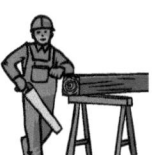

ጸራቢ ዕንጸይቲ

mu jiang

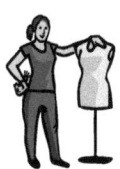

ሰፋይት

cai feng

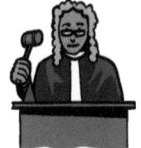

ፈራዳይ

fa guan

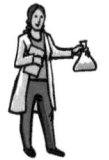

ቀማሚ

hua xue jia

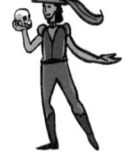

ተዋሳኢ

yan yuan

መራሒ አዉቶቡስ
....
gong jiao che si ji

አዉቲስታ ታክሲ
....
chu zu che si ji

ገፋሊ ዓሳ
....
yu fu

ጸራጊት
....
qing jie nü gong

ሃናጻይ ናሕሲ
....
wu ding gong

አሰላፊ
....
fu wu yuan

ሃዳናይ
....
lie ren

ሰኣላይ
....
hua jia

እንዳ ሕብስቲ
....
mian bao shi

ኤለትሪከኛ
....
dian gong

ሃናጺ አባይቲ
....
jian zhu gong ren

ሃንዳሲ
....
gong cheng shi

ሰራሕተኛ እንዳ ስጋ
....
tu fu

ድራብሊኮ
....
shui guan gong

አማላላሲ ፖስጣ
....
you di yuan

ወተሃደር
....
shi bing

መሃንድስ
....
jian zhu shi

ተሓዝ ገንዘብ
....
shou yin yuan

ሰራሕተኛ ዕምባባ
....
hua nong

ቀም ቃማይ
....
li fa shi

ፈተሪኖ
....
shou piao yuan

መካኒክ
....
ji xie shi

መራሒ መርከብ
....
chuan zhang

ሓኪም ስኒ
....
ya yi

ተመራማሪ
....
ke xue jia

ራቢ
....
la bi

ኢማም
....
yi ma mu

ፈላሲ
....
he shang

ቀሺ
....
mu shi

ናውቲ

gong ju

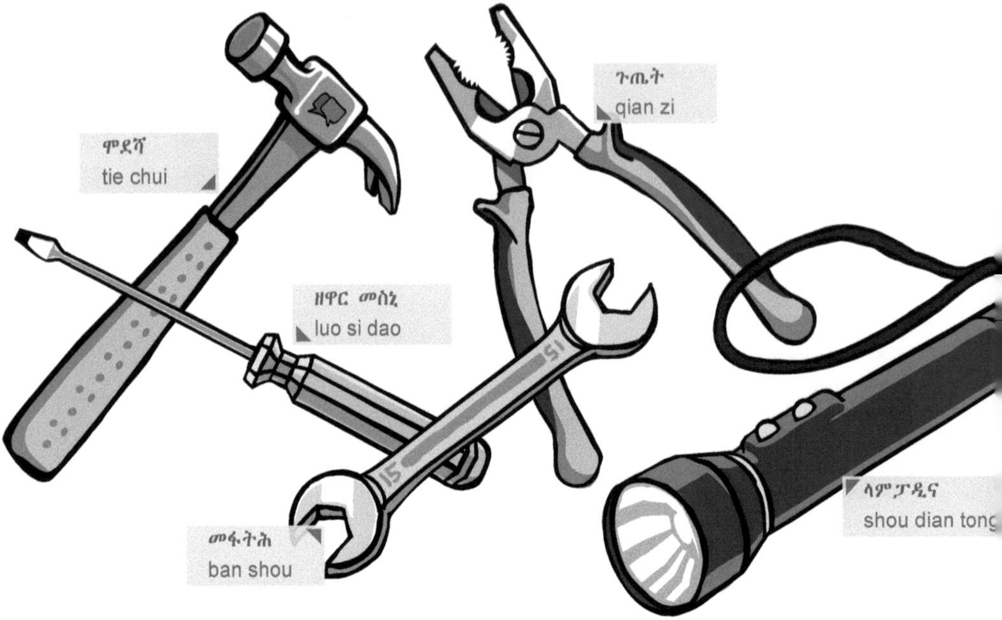
ሞደሻ
tie chui
ጉጤት
qian zi
ዘዋር መስኒ
luo si dao
መፋትሕ
ban shou
ላምፓዲና
shou dian tong

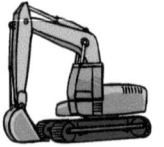

ፈሓሪ

wa jue ji

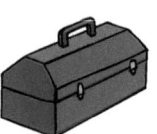

ናውቲ ቦክስ

gong ju xiang

መደያይቦ

ti zi

መጋዝ

ju zi

መስማር

ding zi

ኰዓቲ

zuan ji

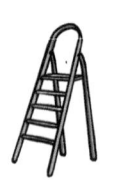

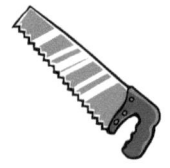

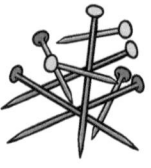

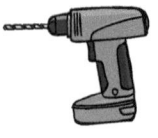

ምዕራይ
....
xiu

ባደላ
....
chan zi

ኣይ!
....
kao!

መትሓዚ ዶሮና
....
bo ji

ድስቲ ቀለም
....
you qi tong

ካቾቢተ
....
luo si

መሳርሒ ሙዚቃ
yue qi

ከበሮታት
da ji yue qi

እስፒከር
yang sheng qi

ጊታር
ji ta

ረጉድ ዓባይ ጊታር
di yin ti qin

ትሮምፐት
xiao hao

ፒያኖ

gang qin

ቫዮሊን

xiao ti qin

ባስ ጊታር

bei si

ቲምንኢ

ding yin gu

ከበሮ

gu

ኦርጋን

dian zi qin

ሳክሶፎን

sa ke si guan

ሻምብቆ

chang di

ሚክሮፎን

mai ke feng

ነብሪ
lao hu

መእተዊ
ru kou

ጎብያ
long zi

አድጊ በረኻ
ban ma

መግቢ እንስሳ
dong wu si liao

ፓንዳ
xiong mao

እንስሳታት
dong wu

ሓርማዝ
da xiang

ካንጋሩ
dai shu

ሓሪሽ
xi niu

ጉሪላ
da xing xing

ድቢ
xiong

ገመል

luo tuo

ሰገን

tuo niao

አንበሳ

shi zi

ህበይ

hou zi

ፍላሚንጎ

huo lie niao

ሕንጻይ

ying wu

ድቢ በረድ

bei ji xiong

ፐንጉን

qi e

ክልቢ ዓሳ

sha yu

ጣዉስ

kong que

ተመን

she

ሓርገጽ

e yu

ሓላዊ ቤት ገርድሽ

dong wu yuan guan li yuan

ዓሳ ዚምገብ እንስሳ ባሕሪ

hai bao

ጃጓር

mei zhou bao

ሓጺር ፈረስ
ai zhong ma

ነብሪ
bao

ጉማረ
he ma

ጂራፍ
chang jing lu

ሊላ
lao ying

መፍለስ
ye zhu

ዓሳ
yu

ጎብየ
gui

ዋልሩስ
hai xiang

ወኻርያ
hu li

ሰስሓ
ling yang

ናይ አሜሪካ ኩዕሶ እግሪ
gan lan qiu

ምዝዋር ብሽግለታ
qi zi xing che

ተኒስ
wang qiu

ባስከትባል
lan qiu

ምሕምባስ
you yong

ቦክሲንግ
quan ji

ሆኪ በረድ
bing qiu

ኩዕሶ እግሪ
ying shi zu qiu

ባድሚንቶን
yu mao qiu

እስፖርታዊ ንጥፈታት
tian jing

ኩዕሶ ኢድ
shou qiu

ስኪ
hua xue

ፖሎ
ma qiu

ንጥፈታት
huo dong

ነጠረ
tiao
ሓቖፈ
yong bao
ሰሓቐ
xiao
ከደ
zou lu
ደረፈ
chang
ሓለመ
zuo meng
ጸለየ
qi dao
ሰዓመ
qin wen

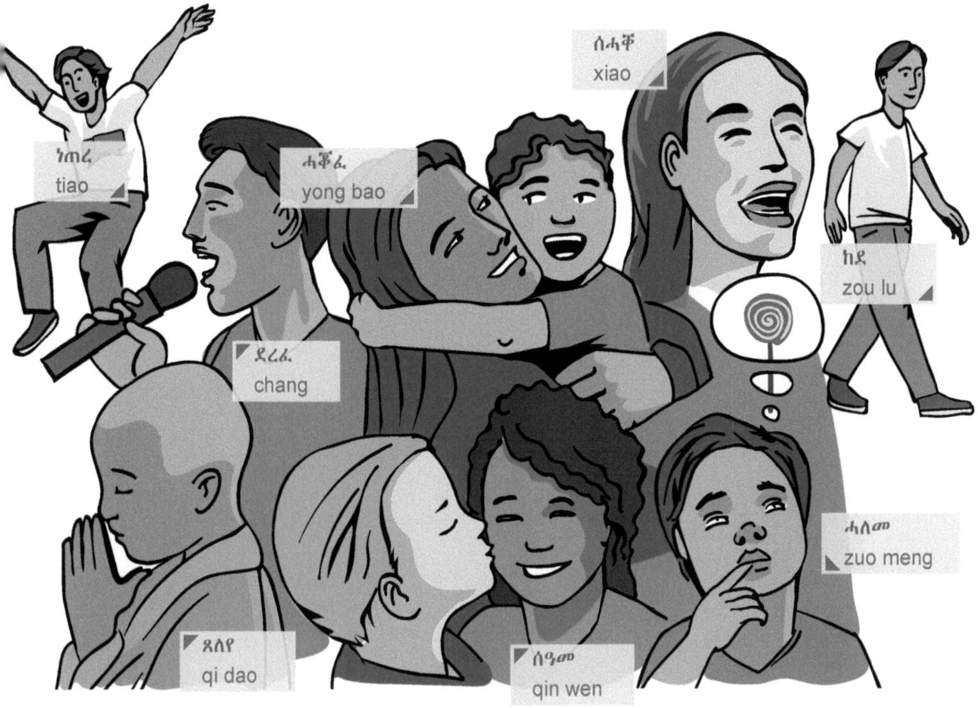

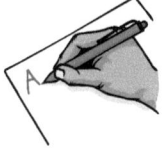

ጸሓፈ
shu xie

ሰኣለ
hua

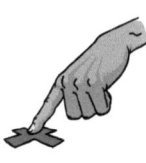

ኣርኣየ
zhan shi

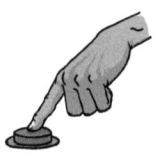

ደፍአ
tui

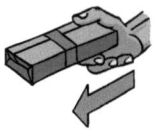

ሃበ
gei

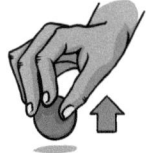

ወሰደ
na

አለወ
....
you

ገበረ
....
zuo

ኮነ
....
dang

ጠጠው በለ
....
zhan

ጎየየ
....
pao

ሰሓበ
....
la

ሰንደወ
....
reng

ወደቐ
....
shuai dao

ሓሰወ
....
tang

ተጸበየ
....
deng dai

ሰከመ
....
xie dai

ኮፍ በለ
....
zuo

ተኸድነ
....
chuan yi

ደቀሰ
....
shui jiao

ተስአ
....
xing lai

ረአየ

kan

በኸየ

ku

ብአጻብዑ ደረዘ

fu mo

መሸጠ

shu tou

ተዛረበ

jiao tan

ተረድአ

ming bai

ሓተተ

wen

ሰምዐ

ting

ሰተየ

he

በልዐ

chi

አቐመጠ

qing li

አፍቀረ

ai

ከሸነ

zuo fan

ዘወረ

kai che

ነፈረ

fei

ብመርከብ ገዩሽ
....
hang xing

ደመረ
....
ji suan

አንበበ
....
du

ተመሃረ
....
xue xi

ሰርሐ
....
gong zuo

መርዓወ
....
jie hun

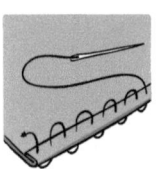

ሰፈየ
....
feng

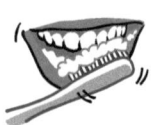

ጽሬት አስናን
....
shua ya

ቀተለ
....
sha

ሽጋራ ተከሽ
....
chou yan

ሰደደ
....
ji

ስድራቤት

jia

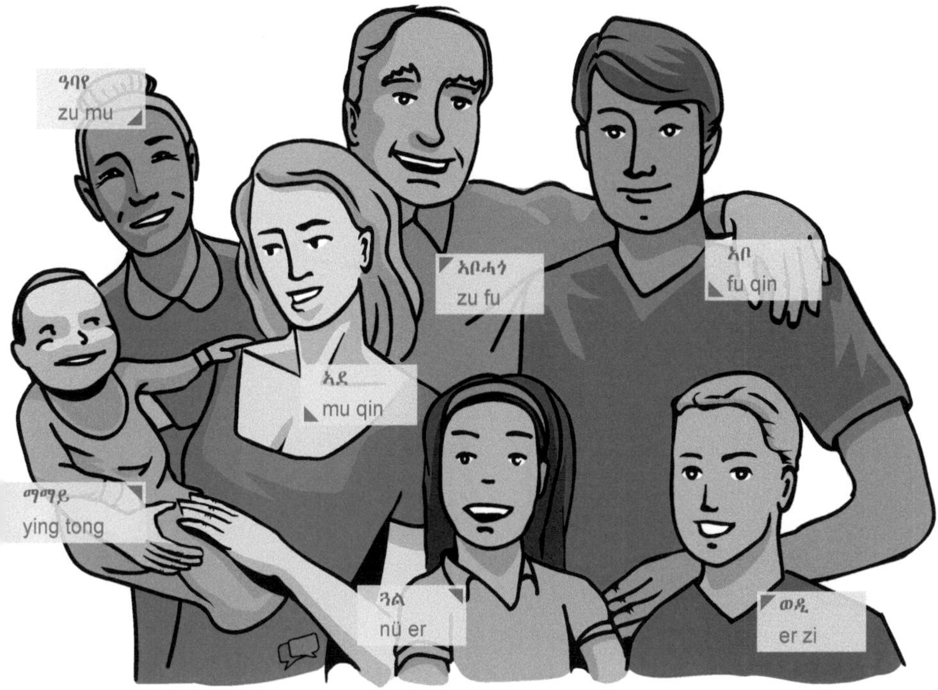
ዓባየ
zu mu
ኣቦሓጎ
zu fu
ኣቦ
fu qin
ኣደ
mu qin
ማማይ
ying tong
ጓል
nü er
ወዲ
er zi

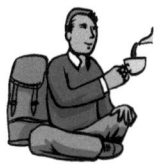

ጋሻ

....

ke ren

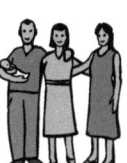

ሓትኖ

....

a yi

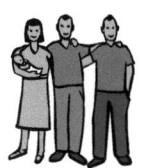

ኣኮ

....

shu shu

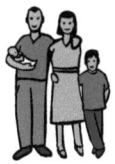

ሓው

....

xiong di

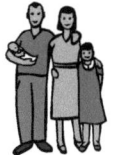

ሓፍቲ

....

jie mei

ኣካላት

shen ti

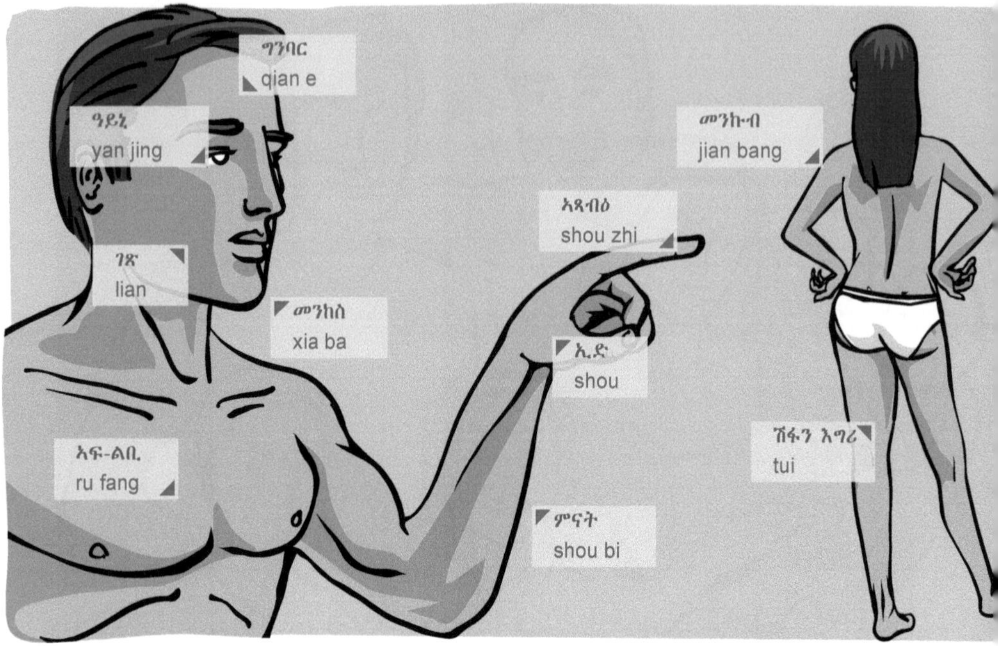

ግንባር
qian e
ዓይኒ
yan jing
መንኩብ
jian bang
ኣጻብዕ
shou zhi
ገጽ
lian
መንከስ
xia ba
ኢድ
shou
ሽፋን እግሪ
tui
ኣፍ-ልቢ
ru fang
ምናት
shou bi

ማማይ

yìng tong

ሰብኣይ

nan ren

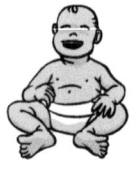

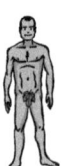

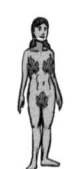

ሰበይቲ

nü ren

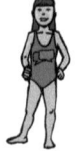

ጓል

nü hai

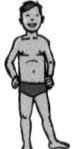

ወዲ

nan hai

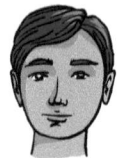

ርእሲ

tou

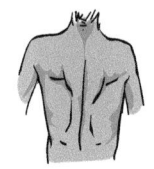

ሕቖ

bei bu

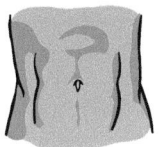

ከስዐ

du zi

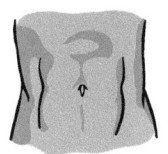

ሕምብርቲ

du qi

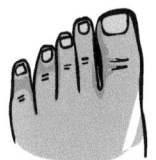

ኣጻብዕ እግሪ

jiao zhi

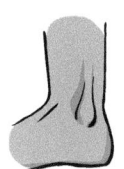

ኩርኹረ

jiao hou gen

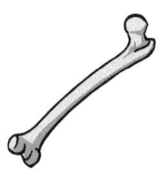

ዓጽሚ

gu tou

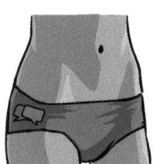

ምሕኮልቲ

tun bu

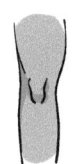

ብርኪ

xi gai

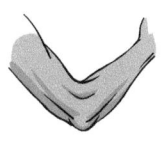

ፎግፎጐ

shou zhou

ኣፍንጫ

bi zi

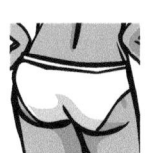

መዓኮር

pi gu

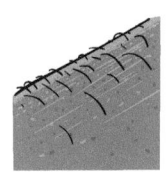

ቆርበት

pi fu

ምዕጉርቲ

lian jia

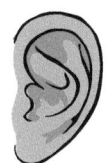

እዝኒ

er duo

ከንፈር

zui chun

ኣካላት - shen ti

69

አፍ
....
zui

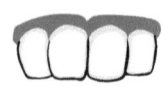

ስኒ
....
ya chi

መልሓስ
....
she tou

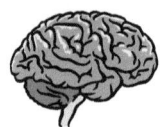

ሓንጎል
....
nao

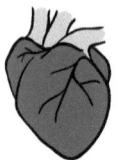

ልቢ
....
xin zang

ጭዋዳ
....
ji rou

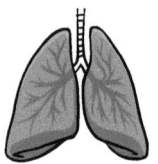

ሳንቡእ
....
fei

ጸላም ከብዲ
....
gan zang

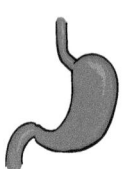

ከብዲ
....
wei

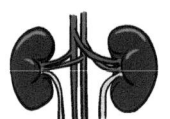

ኩሊት
....
shen zang

ግብረ ስጋ
....
xing jiao

ኮንዶም
....
bi yun tao

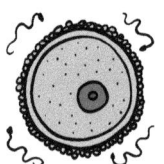

እንቋቑሐ
....
luan zi

ዘርኢ ተባዕታይ
....
jing zi

ጥንሲ
....
huai yun

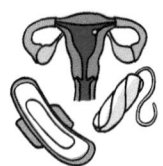

ጽግያት

yue jing

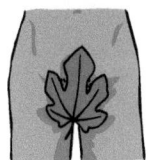

ርሕሚ

yin dao

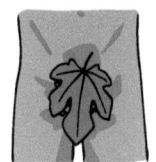

መትሎ

yin jing

ሸፉሸፍቲ

mei mao

ጸግሪ

tou fa

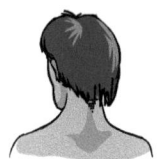

ክሳድ

bo zi

ሆስፒታል
yi yuan

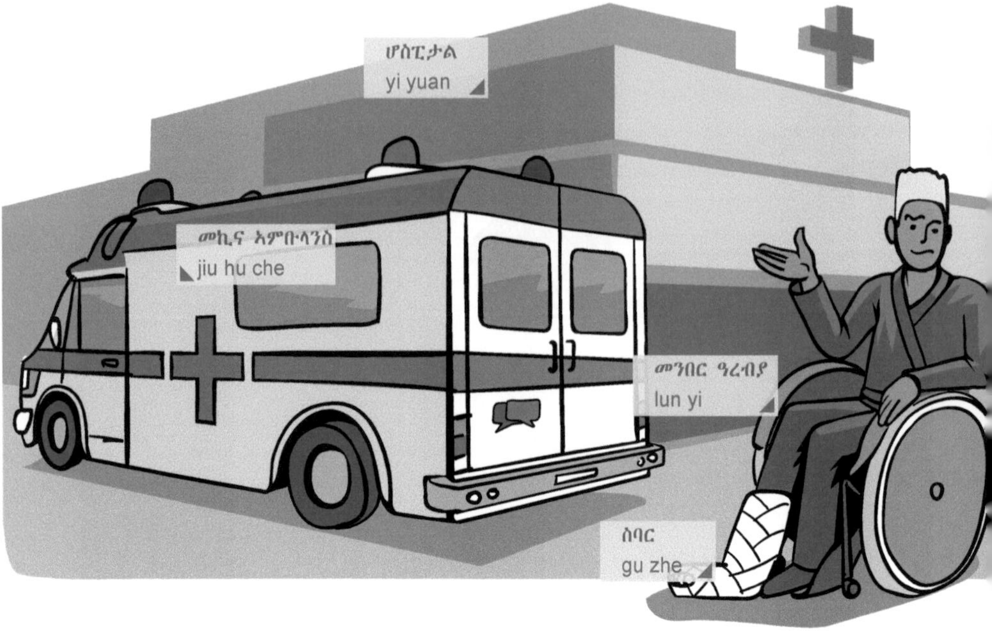

ሆስፒታል
yi yuan
መኪና ኣምቡላንስ
jiu hu che
መንበር ዓረብያ
lun yi
ስባር
gu zhe

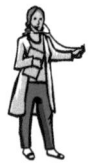

ሓኪም

yi sheng

ክፍሊ ህጹጽ ረድኤት

ji zhen shi

ኣላይት

hu shi

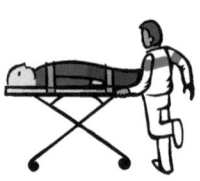

ህጹጽ ኩነት

jin ji qing kuang

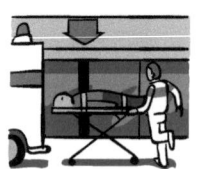

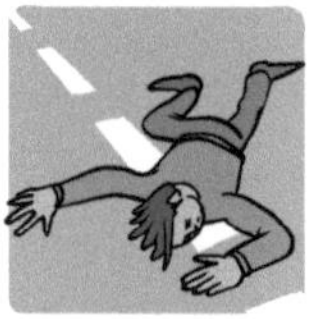

ውነኡ ዘጥፍአ

hun mi

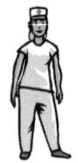

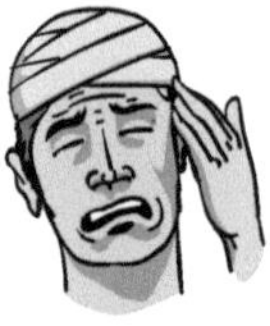

ቃንዛ

tong

ጉድኣት

shou shang

ደም

chu xue

ማህረምቲ

xin zang bing fa zuo

ማህረምቲ

zhong feng

ኣለርጂ

guo min

ሰዓል

ke sou

ረስኒ

fa shao

ኡንፍልወንዛ

liu gan

ውጽኣት

fu xie

ቃንዛ ርእሲ

tou tong

መንሽሮ

ai zheng

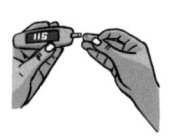

ሹኮርያ

tang niao bing

ሓኪም መጥባሕቲ

wai ke yi sheng

መጥብሒ

shou shu dao

መጥባሕቲ

shou shu

CT
....
CT

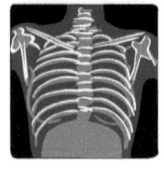

ራጇ
....
X guang

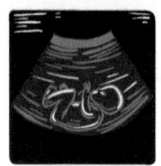

ልዕለ ድምጻዊ
....
chao sheng bo

መሽፈኒ ገጽ
....
kou zhao

ሕማም
....
ji bing

ክፍሊ ምጽባይ
....
hou zhen shi

ምርኩስ
....
guai zhang

መጃነኒ ቐስሊ
....
shi gao

መጃነኒ
....
beng dai

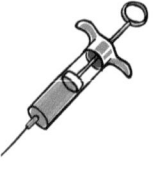

መርፍዕ ምውጋእ
....
zhu she

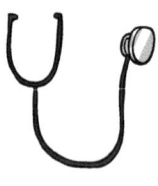

ስተቶስኮፕ
....
ting zhen qi

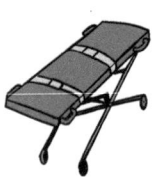

መሰከሚ ሕማም
....
dan jia

ቴርሞመተር
....
ti wen ji

ትውልዲ
....
chu sheng

ልዕለ-ሚዛን
....
chao zhong

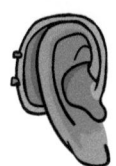

ሓገዝ ምስማዕ
zhu ting qi

ኣንጻሂ
xiao du ye

ልበዳ
gan ran

ቫይረስ
bing du

ኤድስ
ai zi bing

ሕክምና
yao wu

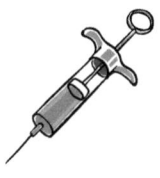

ክታበ
jie zhong yi miao

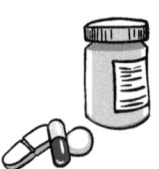

ከኒና
yao pian

ከኒና
yao wan

ህጹጽ ምድዋል
ji jiu dian hua

መዕቀኒ ጸቕጢ ደም
xue ya ji

ሕሙም / ጥዑይ
sheng bing/jian kang

ሓገዝ

jiu ming!

ኣላርም

jing bao

ምህጃም

tu ji

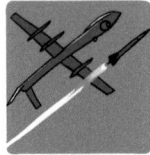

መጥቃዕቲ

gong ji

ድንገት

wei xian

ህጹጽ መውጽኢ

jin ji chu kou

ሓዊ!

zhao huo la!

መጥፍኢ ሓዊ

mie huo qi

ሓደጋ

yi wai

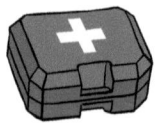

ሳንጣ ቀዳማይ ረድኤት

ji jiu xiang

SOS

hu jiu xin hao

ፖሊስ

jing cha

ኤውሮጳ

ou zhou

ሰሜን አሜሪካ

bei mei zhou

ደቡብ አሜሪካ

nan mei zhou

አፍሪቃ

fei zhou

ኤስያ

ya zhou

አውስትራልያ

ao zhou

አትላንቲክ

da xi yang

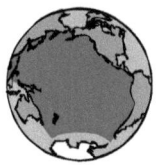

ፓሲፊክ

tai ping yang

ህንዳዊ ዉቅያኖስ

yin du yang

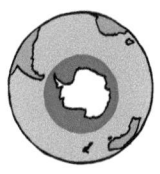

አንታርቲካዊ ዉቅያኖስ

nan bing yang

አርክቲካዊ ዉቅያኖስ

bei bing yang

ሰሜናዊ ዋልታ

bei ji

ደቡባዊ ዋልታ
....
nan ji

አንታርቲካ
....
nan ji zhou

ምድሪ
....
di qiu

መሬት
....
lu di

ባሕሪ
....
hai

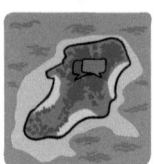

ደሴት
....
dao

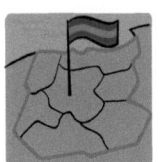

ሃገር
....
guo jia

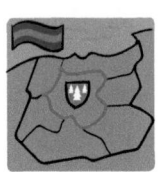

ዓዲ
....
guo jia

ገጽ ሰዓት

zhong mian

አመልካቺ ሰዓታት

shi zhen

አመልካቺ ደቓይቛ

fen zhen

አመልካቺ ካልኢት

miao zhen

ሰዓት ክንደይ አሎ?

xian zai ji dian?

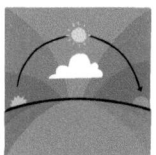

መዓልቲ

tian

ግዜ

shi jian

ሕጇ

xian zai

ዲጊታል ሰዓት

dian zi biao

ደቒቛ

fen

ሰዓት

shi

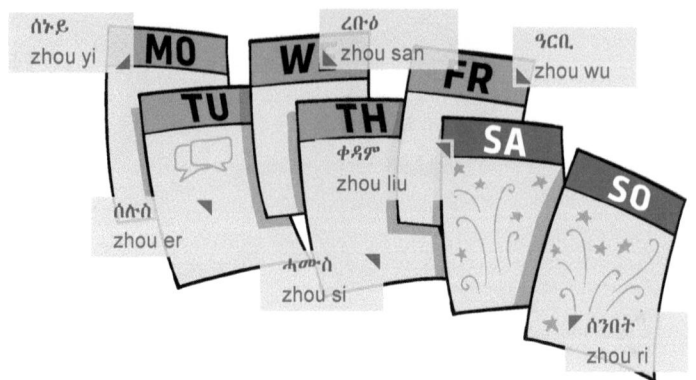

ሰኑይ
zhou yi

ሰሉስ
zhou er

ረቡዕ
zhou san

ሓሙስ
zhou si

ቀዳም
zhou liu

ዓርቢ
zhou wu

ሰንበት
zhou ri

ትማሊ
....
zuo tian

ሎሚ
....
jin tian

ጽባሕ
....
ming tian

ንጎሆ
....
zao chen

ቀትሪ
....
zhong wu

ምሸት
....
wan shang

MO	TU	WE	TH	FR	SA	SU
1	2	3	4	5	6	7
8	9	10	11	12	13	14
15	16	17	18	19	20	21
22	23	24	25	26	27	28
29	30	31	1	2	3	4

መዓልታት ስራሕ
....
gong zuo ri

MO	TU	WE	TH	FR	SA	SU
1	2	3	4	5	6	7
8	9	10	11	12	13	14
15	16	17	18	19	20	21
22	23	24	25	26	27	28
29	30	31	1	2	3	4

መወዳእታ ሰሙን
....
zhou mo

ዓመት

nian

ዝናብ
yu
ቀስተ-ደመና
cai hong
ንፋስ
feng
በረድ
xue
ጽድያ
chun
ሓጋይ
xia
ቀውዒ
qiu
ክረምቲ
dong

4.APRIL 11°
5.APRIL 4°
6.APRIL 13°
7.APRIL 8°
8.APRIL 10°

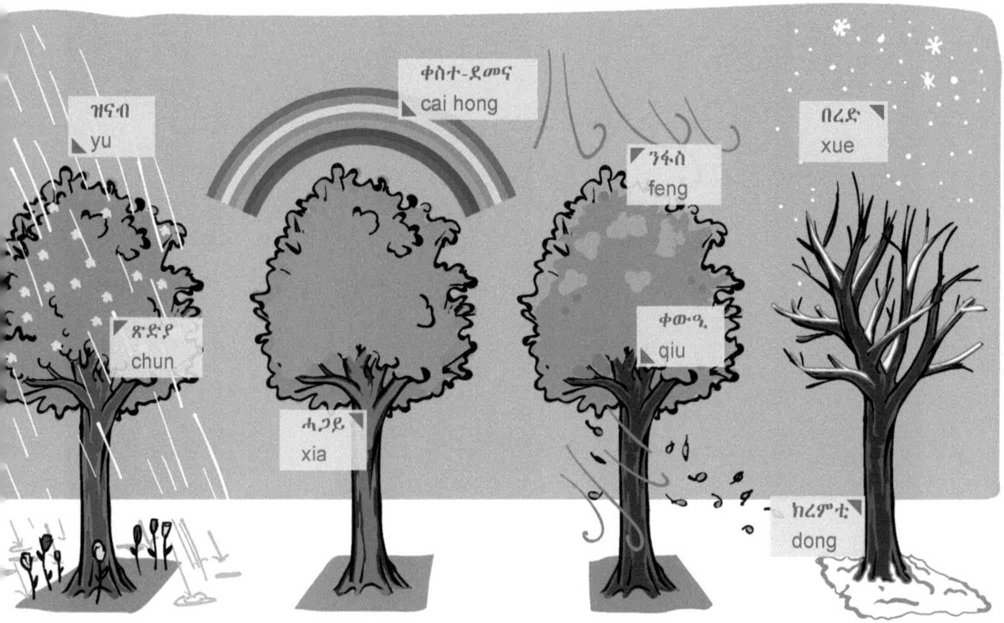

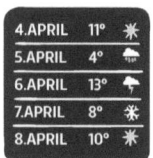

ትንቢት ኩነታት ኣየር

....

tian qi yu bao

F
C
120
90
60
30
0
-30
40
30
20
10
0
-10
-20

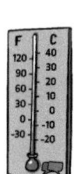

ቴርሞመተር

....

wen du ji

ብርሃን ጸሓይ

....

yang guang

ደበና

....

yun

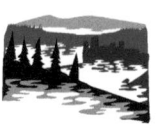

ግመ

....

wu

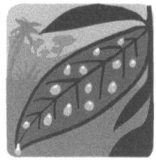

ጠሊ

....

chao shi

ብርቂ

shan dian

ነጉዳ

da lei

ህቦብላ

feng bao

በረድ

bing bao

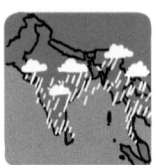

ብርቱዕ ህቦብላ

ji feng

ውሕጅ

hong shui

በረድ

bing

ጥሪ

yi yue

ለካቲት

er yue

መጋቢት

san yue

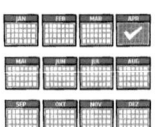

ሚያዝያ

si yue

ጉንበት

wu yue

ሰነ

liu yue

ሓምለ

qi yue

ነሓሰ

ba yue

ዓመት - nian

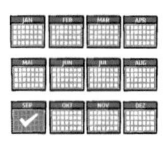

መስከረም
....
jiu yue

ጥቅምቲ
....
shi yue

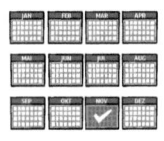

ሕዳር
....
shi yi yue

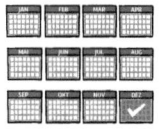

ታሕሳስ
....
shi er yue

ቅርጻታት

xing zhuang

ዙርያ
....
yuan xing

ትርብዒት
....
zheng fang xing

ቅኑዕ ርቡዕ ኩርናዕ
....
chang fang xing

ስሉስ ኩርናዕ
....
san jiao xing

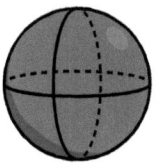

ክቢ
....
qiu ti

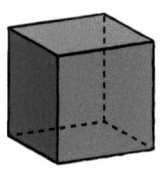

ኩቦ
....
li fang ti

ጸዕዳ
....
bai

ብጫ
....
huang

አራንጂ
....
cheng

ፒንክ
....
fen

ቀይሕ
....
hong

ጁኸ
....
zi

ሰማያዊ
....
lan

ቀጠልያ
....
lü

ቡናዊ
....
zong

ሓሙኽሽታይ
....
hui

ጸሊም
....
hei

ብዙሕ / ውሑድ

hen duo/shao xu

ሕሩቕ / ሰላማዊ

sheng qi/ping jing

ጽቡቕ / ክፉእ

mei/chou

መጀመርያ / መወዳእታ

shou/wei

ዓቢ / ንእሽቶ

da/xiao

ብሩህ / ጸልማት

ming/an

ሓው / ሓፍት

xiong di/jie mei

ጽሩይ / ርሳሕ

gan jing/ang zang

ምሉእ / ዘይምሉእ

wan zheng/que shi

መዓልቲ / ለይቲ

bai tian/wan shang

ሙዉት / ህልው

si/sheng

ሰፊሕ / ጸቢብ

kuan/zhai

ደስ ዘበል / ደስ ዘይብል
ke shi yong/fei shi yong

እኩይ / ህያዋይ
xie e/shan liang

ርቡጽ / ስልኩይ
xing fen/wu liao

ረጊድ / ቀጢን
pang/shou

ቀዳማይ / ናይ መወዳእታ
di yi/zui hou

ዓርኪ / ጸላኢ
peng you/di ren

ምሉእ / ባዶ
man/kong

ተሪር / ልስሉስ
ying/ruan

ከቢድ / ፈኹስ
zhong/qing

ጥዒየት / ጽሚየት
e/ke

ሕሙም / ጥዑይ
sheng bing/jian kang

ዘይሕጋዊ / ሕጋዊ
fei fa/he fa

መስተውዓሊ / ስዲ
cong ming/yu ben

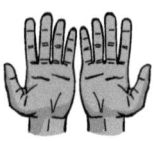

ጸጋም / የማን
zuo/you

ቐረባ / ርሑቕ
jin/yuan

ሓዲሽ / ብሉይ
....
xin/jiu

ዋላ ሓደ / ገለ
....
mei you/you xie

ዓቢ/ኣረጊት / መንእሰይ
....
lao/you

መልዕ / ኣጥፍእ
....
kai/guan

ክፉት / ዕጹው
....
da kai/he shang

ህዱእ / ዓው
....
an jing/chao nao

ሃብታም / ድኻ
....
fu/qiong

ቅኑዕ / ግጉይ
....
dui/cuo

ሓርፋፍ / ልሙጽ
....
cu cao/guang hua

ጉሁይ / ሕጉስ
....
shang xin/gao xing

ሓጺር / ነዊሕ
....
duan/chang

ቀስ / ቅልጡፍ
....
man/kuai

ጥሉል / ንቑጽ
....
shi/gan

ምዉቕ / ዝሑል
....
wen nuan/liang shuang

ውግእ / ሰላም
....
zhan zheng/he ping

0	**1**	**2**
ዜሮ	ሓደ	ክልተ
ling	yi	er

3	**4**	**5**
ሰለስተ	አርባዕተ	ሓሙሽተ
san	si	wu

6	**7**	**8**
ሽዱሽተ	ሸውዓተ	ሸሞንተ
liu	qi	ba

9	**10**	**11**
ትሽዓተ	ዓሰርተ	ዓሰርተ ሓደ
jiu	shi	shi yi

12

ዓሰርተ ክልተ
....
shi er

13

ዓሰርተ ሰለስተ
....
shi san

14

ዓሰርተ አርባዕተ
....
shi si

15

ዓሰርተ ሓሙሽተ
....
shi wu

16

ዓሰርተ ሽዱሽተ
....
shi liu

17

ዓሰርተ ሾውዓተ
....
shi qi

18

ዓሰርተ ሾምንተ
....
shi ba

19

ዓሰርተ ትሽዓተ
....
shi jiu

20

ዕስራ
....
er shi

100

ሚእቲ
....
bai

1.000

ሽሕ
....
qian

1.000.000

ሚልዮን
....
bai wan

እንግሊዝኛ

ying yu

አሜሪካዊ እንግሊዛዊ

mei shi ying yu

ቻይናዊ ማንዳሪን

pu tong hua

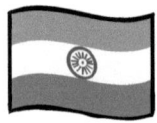

ሂንዳዊ

yin di yu

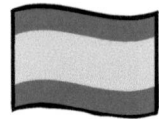

እስጳኛዊ

xi ban ya yu

ፈረንሳዊ

fa yu

ዓረባዊ

a la bo yu

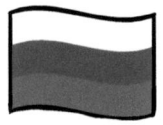

ሩሲያዊ

e yu

ፖርቱጋላዊ

pu tao ya yu

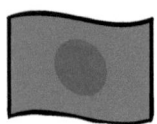

በንጋሊ

feng jia la yu

ጀርመናዊ

de yu

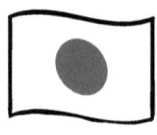

ጃፓናዊ

ri yu

አነ

wo

ንስኻ/ኺ

ni

ንሱ / ንሳ / ንሱ

ta/ta/ta

ንሕና

wo men

ንስኻ

ni men

ንሳቶም

ta men

መን?

shei?

እንታይ?

shen me?

ከመይ?

zen yang?

አበይ?

na li?

መዓስ?

shen me shi hou?

ሽም

ming zi

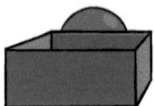

ድሕሪ

hou mian

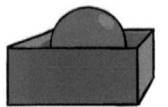

አብ

li mian

አብ ቅድሚ

qian mian

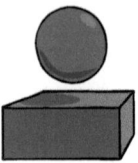

አብ ላዕሊ

shang fang

አብ ልዕሊ

shang mian

ትሕቲ ምድሪ

xia mian

አብ ጥቓ

pang bian

አብ መንጎ

zhong jian

በታ

di dian